Benedikt Grimmler

Das Buch der UNHEIMLICHEN ORTE in Baden-Württemberg

Mystische Plätze und ihre Geschichten

J. BERG

Inhalt

Mannheim
Heidelberg
Wiesloch
Sinsheim
Bruchsal
Karlsruhe
Rastatt
Pforzheim
Baden-Baden
Bühl
Kehl
Offenburg
Lahr
Emmendingen
Freiburg im Breisgau
Lörrach
Buchen (Odenwald)
Mosbach
Bad Mergentheim
Neckarsulm
Heilbronn
Schwäbisch Hall
Crailsheim
Backnang
Ludwigsburg
Stuttgart
Schwäbisch Gmünd
Aalen
Göppingen
Böblingen
Kirchheim
Nürtingen
Tübingen
Reutlingen
Heidenheim a.d.Brenz
Horb a.Neckar
Ulm
Balingen
Albstadt
Rottweil
Ehingen
Biberach a.d.Riß
Villingen-Schwenningen
Sigmaringen
Tuttlingen
Singen
Konstanz
Ravensburg
Friedrichshafen
Wangen
SCHWARZWALD
SCHWÄBISCHE ALB
OBERSCHWABEN
BAULAND
RHEIN
NECKAR
ENZ
JAGST
DONAU
SCHLUCHSEE
BODENSEE
N
0
30 KM

Einleitung

Im Jahr 1787 saß ein schwäbischer Schriftsteller am Schreibpult und verfasste einen – seinen einzigen – Roman, zu dem er keine rechte Lust empfand und den er nie fertigstellte, dessen in Zeitschriften veröffentlichte Anfänge aber eine weitreichende Begeisterung auslösten und vor allem ein ganzes Genre inspirierte: den Schauerroman, in England als »Gothic Novel« bekannt. »Der Geisterseher« hieß das Buch – und der Autor war natürlich niemand anderes als Friedrich Schiller. Das Unheimliche hat also eine Tradition mit hohem Anspruch hier im Südwesten, ist aber naturgemäß weit älter als der berühmte Klassiker.

Unheimliche Orte sind Orte, an denen wir nicht heimisch werden wollen. Höhlen, Ruinen, Friedhöfe, Galgenberge, Tatorte oder Gefängnisse – wie der Schiller stets drohende Hohenasperg. Auch die frühe Dämmerung, dunkle Wälder oder schroffe Felsen lösen in uns dieses beklemmende Gefühl aus, nicht allein oder bedroht zu sein, verfolgt oder einer drohenden Gefahr ausgeliefert zu sein, ob begründet oder nicht. Landschaften, die man eher mit dem Unheimlichen in Verbindung bringt, etwa der Schwarzwald, stehen der Bodensee oder Großstädte gegenüber, die wir auf den ersten Blick nicht mit Geistern oder Hexenunwesen in Verbindung bringen. Weit gefehlt, das Unheimliche lauert überall, selbst auf Parkplätzen und in modernen Universitätsinstituten.

Für Fleiß und frohes Schaffen ist der Südwesten klischeemäßig bekannt, aber auch die Spukgestalten sind hier betriebsam, allerlei Geister sind anzutreffen, die es gar nicht mögen, wenn man ihr Tun stört. Auch der Spottlust frönen sie gern, was ziemlich böse ausgehen kann. Es ist mit ihnen wie mit mancher Landschaft und manchem Gemäuer: Hinter einer hübschen Fassade kommt recht Garstiges zum Vorschein. Von Mannheim bis Meersburg, von Crailsheim bis Kenzingen, das Unheimliche wartet in Baden-Württemberg auf Sie in vielerlei Gestalten. Ich habe Sie gewarnt …

Konstanz, Mai 2021,
Benedikt Grimmler

← Die Ruine des ehemaligen Benediktinerklosters St. Peter und Paul, Teil des Kloster Hirsau

Eingewachsener Schluchtenweg in Knittlingen

Nordbaden, Nordschwarzwald und Pfalz

1 Die Schawels-Kling bei Baiertal

»Awwel kummt der Schawel!«

Der Name klingt schon nicht gerade vertrauenerweckend: Der Schlangengrund, der nach den hier vermehrt vorkommenden Ringelnattern benannt worden sein soll, liegt im alten Baiertaler Bergbaugebiet,

> **Ort** Baiertal, Rhein-Neckar-Kreis (HD)
>
> **Charakteristik** Eigentlich sind sie unschuldig, doch haben die Baiertaler noch heute unter einem grausamen französischen Oberst zu leiden, der ein nicht minder grausames Ende fand.
>
> **Tipp** Die Schawels-Kling ist heute in einen sehr informativen Rundwanderweg um Baiertal eingebunden, der sich der Bergbaugeschichte der Region widmet. Zu beachten ist lediglich, vor Einbruch der Dämmerung wieder zuhause zu sein.
>
> **Einkehr** Baiertal und Wiesloch

heute sind es vor allem Steinbrüche, die hier die Landschaft prägen, aber auch einige frühere Stollen und viele Halden sind noch zu finden. Die Zeiten der Bergmänner sind seit Beginn des letzten Jahrhunderts vorbei, aber es gibt noch eine weitere menschengemachte Hinterlassenschaft im Schlangengrund: den Schabelskling, einen tief eingeschnittenen Hohlweg – auch als Schawels-Kling bekannt.

Die Bezeichnung Kling steht für die Tiefe und Form des Einschnitts – aber wer oder was ist ein Schabel bzw. Schawel? Dahinter verbirgt sich die durch den örtlichen Dialekt verballhornte Variante des französischen Namens Chavél. Zu Zeiten der Revolutionskriege in den 1790er-Jahren, die hier in der Rhein-Neckar-Region, Frankreich ist nicht weit, für einige Unruhe und Beschwernisse sorgten, soll ein Oberst dieses Namens mit seinem Regiment sein Lager in unmittelbarer Nachbarschaft – eben im Schlangengrund – aufgeschlagen haben. Der Offizier war ein so brutaler Schinder, dass ihn seine eigenen Soldaten eines Tages vom Pferd zogen und auf der Stelle töteten. Es waren Revolutionszeiten, die Armee bestand aus einfachen Bürgern, die Jahre, in der sich ein Vorgesetzter alles gegenüber seinen Untergebenen erlauben konnte, waren nun mal unweigerlich vorbei, man wusste sich zu wehren.

Ob dies Folgen für die beteiligten Soldaten hatte, wissen wir nicht, Folgen für die Baiertaler hatte die Bluttat allemal. Denn der grausame Offizier, der zum grausamen Opfer wurde, fand seither keine Ruhe und geht immer noch umher. Vorwiegend in der Gegend um die Schawels-Kling reitet er in der Finsternis spätestens ab Mitternacht über die Äcker, wobei er seinen Kopf unter dem Arm trägt oder gleich vollends kopflos unterwegs ist. Unter den Baiertalern verbreitet sich folgerichtig nach Einbruch der Dunkelheit ein mulmiges Gefühl, ungern möchte man Chavél begegnen, schon gar nicht nach zweihundert Jahren noch. Langsamen Feldarbeitern, aber vor allem den Kindern wurde der Schawel als drohendes Schreckgespenst vorgehalten – mit dem in der Überschrift genannten Spruch wurden sie zur Eile angetrieben, bevor die Dämmerung hereinbrach.

↑ Durch diese hohle Gasse … kommt er hoffentlich nicht, der Schawel.
← Erinnerungen an die Bergbauzeit

2 Die Justizvollzugsanstalt Bruchsal

Eine feste Burg ist unser Knast

Seit den 1830er-Jahren kam es in Baden zu Debatten um das Strafsystem, Reformer klagten, dass die bisherigen Methoden sich als wirkungslos auf die hohe Anzahl von Rückfälligen erwiesen, im Gegenteil, durch den Kontakt mit anderen Kriminellen eher eine Verschlimmerung statt Besserung eintreten würde. Eine Lösung wurde in den angelsächsischen Ländern gefunden. Hier hatte der Sozialreformer und Philosoph Jeremy Bentham vorgeschlagen, »panoptische« Gefängnisse zu errichten: in der Mitte ein Turm, drumherum kreisförmig die Zellenbauten.

Der französische Philosoph Michel Foucault beschrieb dieses System in seinem Klassiker »Überwachen und Strafen« (1975) kritisch: »Die panoptische Anlage schafft Raumeinheiten, die es ermöglichen, ohne Unterlaß zu sehen und gleichzeitig zu erkennen. Das Prinzip des Kerkers wird umgekehrt, genauer gesagt: von seinen drei Funktionen – einsperren, verdunkeln und verbergen – wird nur die erste aufrechterhalten, die beiden anderen fallen weg. Das volle Licht und der Blick des Aufsehers erfassen besser als das Dunkel, das auch schützte. Die Sichtbarkeit ist eine Falle.«

Genau diese Prinzipien wurden erstmals in den USA durchgesetzt, im Eastern State Penitentiary. Der dortige Bau diente als Vorbild für das neu geplante und ab 1841 im Bau befindliche »Männerzuchthaus« Bruchsal. Als Architekten verdingte man Heinrich Hübsch, der gern auch Kirchen und Behördenbauten errichtete, in einem neoromanischen Rundbogenstil. Diesen wandte er auch für die Haftanstalt an, übertragen auf das panoptische Konzept. In der Mitte ein hoher Turm, der die Gefängnisaufsicht, die Leitung, die Kirche sowie Vorrats- und Büroräume enthielt; an diesen angelagert in Form eines Andreaskreuzes vier Zellenflügel; drumherum eine achteckige, turmbewehrte Mauer.

Der zweite Aspekt der Reform zeigte sich im Inneren: streng getrennte Einzelzellen. Dazu getrennte Einzelhöfe, getrennte Sitze in der Kirche – durch hohe Sichtplanken zum Nachbar war nur der Blick zum Priester vorne möglich –, getrennte Sitze in den Unterrichts- und Arbeitseinrichtungen. Absolute Isolation war das vermeintliche Heilmittel, selbstverständlich war auch das Sprechen miteinander untersagt und »sobald der Gefangene die Zelle verließ, hatte er den Schirm einer speziellen Mütze herunterzuklappen, die das ganze Gesicht bedeckte; nur zwei Löcher waren für die Augen hineingeschnitten. Ein Schild mit der Gefangenennummer war an der Kleidung zu befestigen, und die Aufseher durften die Gefangenen nur als Nummer, nicht mit Namen anreden.« (Franziska Dunkel)

Man kann sich gut denken, welchen Schauer der Anblick der Bruchsaler Gefängnisburg manchem über den Rücken jagte. Die erste große Welle an Gefangenen lieferte dann sogleich die unterdrückte Revolution von 1848. Im Jahr 1850 saßen in Bruchsal 655 Männer ein, darunter 277 Diebe. Die zweitgrößte Gruppe aber stellten 207 »Hochverräter, Majestätsbeleidiger und Meuterer« – die eingesperrten Demokraten. Erst dann folgten mit weitem Abstand Mörder und Gewalttäter (85).

↑ Baute Kirchen und Knäste: Heinrich Hübsch
← Das sternförmige Gefängnis nahe der Barockresidenz

Ort Bruchsal, Landkreis Karlsruhe (KA)

Charakteristik Das nordbadische Gefängnis verkörpert exemplarisch die Zeit der panoptischen Totalüberwachung der Insassen. Der burgartige Riesenbau hat wenig von seinem Schrecken verloren.

Tipp Der Kontrast zur Barockresidenz Bruchsal gehört zu den erlebbaren Widersprüchlichkeiten der Stadt. Das Schloss und etwa die Peterskirche stehen für die Glanzzeit als zeitweiliger Sitz der Fürstbischöfe von Speyer.

Einkehr Bruchsal

3 Der Narrenbrunnen in Ettlingen

Die geköpften Ratsherren

Narrenbrunnen haben für gewöhnlich nichts Gruseliges an sich, unheimlich ist im Südwesten allenfalls ihre enorme Anzahl, denn es gibt in manchen Regionen nicht ein einziges Dorf ohne eigenes Exemplar. Und doch ist das Ettlinger Wahrzeichen ganz anders als die vielen Kollegen im Land, schon allein wegen seines Alters. Er selbst trägt die Jahreszahl 1549, aber schon davor, 1532, wird ein »huß bym narrenbronnen« genannt. Zudem zeigt er nicht eine Fastnachtsfigur, sondern eine historische Persönlichkeit, Hansl von Singen, den Hofnarren des badischen Markgrafen.

Ihm zu Füßen eine weitere kleine Narrenfigur, die uns mit ihrer Gestik – sie streckt uns den nackten Hintern entgegen – und mit einer Tafelaufschrift an die eigentliche Funktion der Narren in jener Zeit um 1500 erinnert: »LAS MICH VNFER – ACT BEDENCK DER – WELT WYSHEYT UND – BRACHT JST VOR GOT – EIN DORHEIT GEACHT.« Waren Hofnarren doch keine witzeerzählenden Clowns, sondern Mahner an die Vergänglichkeit und Vergeblichkeit menschlichen Tuns, oft in Form satirischer Parodien.

Dies galt auch für Hansl von Singen, wie eine bekannte Überlieferung berichtet: Da die Ettlinger Streit um gewisse Weiderechte mit dem Kloster Frauenalb hatten, der den Ärger des klösterlichen Schutzherrn, des Markgrafen, erregte, ließ dieser kurzerhand die zwölf städtischen Ratsherren zur Hinrichtung führen. Als er seinen Hofnarren Hansl fragte, wie ihm dieses Köpfen gefiele, antwortete dieser: Wenn die Menschen wie Weidenköpfe im Frühjahr wieder ausschlügen, gefiele es ihm schon. Daraufhin habe der Markgraf immerhin den letzten verbliebenen Ratsherrn verschont. Trotzdem musste Ettlingen zur Strafe als Wappen nun einen umgekehrten Turm akzeptieren.

Die Geschichte bringt einiges, sagen wir mal vorsichtig, durcheinander. Auseinandersetzungen um Landbesitz mit dem Kloster Frauenalb gab es tatsächlich hin und wieder, aber welcher Markgraf nun wann die Ratsherren dezimiert haben soll, ist ziemlich unklar – die Streitigkeiten spielten sich um 1400 ab, Hansl war aber Hofnarr Markgraf Ernsts, der von 1533 bis 1553 regierte. Das Ettlinger Stadtwappen zeigt durchaus keinen umgedrehten Turm, obwohl man dies mit etwas Fantasie so interpretieren könnte. Und dann gibt es da noch eine recht ähnliche Überlieferung aus Bruchsal …

Wie auch immer, die toten Ratsherren gehen gleichwohl noch umher. Allerdings vor den Toren der Stadt, bei der Alexiuskapelle. Dort am verschwundenen Siechenhaus stehen sieben sehr interessante Steinkreuze, Reste der einstigen elf Gräber für die Geköpften, so die Sage, wo die Ratsherren in manchen Nächten noch immer anzutreffen sind.

Ort Ettlingen, Landkreis Karlsruhe (KA)

Charakteristik Der mahnende Narrenbrunnen, die Steinkreuze an der Alexiuskapelle und das Ettlinger Stadtwappen vereinen sich zu einer blutigen Geschichte aus der Historie über tote Ratsherren.

Tipp Ettlingen, aufgrund verheerender Zerstörungen nach 1689 fast komplett wiederaufgebaut und zeitweise als badische Residenz ausersehen, ist sicher eine der schönsten Städte der Region. Wird man nicht gerade von untoten Ratsherrn belästigt, lohnt sich ein längerer Aufenthalt.

Einkehr In Ettlingen

↑ Nicht ganz jugendfrei: der Ettlinger Narrenbrunnen
← Rathaus Ettlingen

4 Frauenalb

Der Fluch der Äbtissin

Es begann gespenstisch und es endete gespenstisch. 1134 sollen Herzog Friedrich von Schwaben, Berthold von Eberstein und Albrecht von Zimmern sich zur Jagd auf Schloss Magenheim bei Heilbronn getroffen haben. Im weitläufigen Wald verlor Letzterer irgendwann den Kontakt zu seinen Mitstreitern, sodass ihn eine Panik erfasste. Da trat plötzlich zwischen den Bäumen ein Mann hervor, der ihm zuwinkte. Albrecht folgte dem Unbekannten, der ihn bis zu einem Schloss inmitten einer Lichtung führte.

Dort fand gerade ein großes Festmahl statt, unter dem Vorsitz eines stattlichen Herren tranken und aßen zahlreiche Ritter an einer prächtigen Tafel. Doch wie alles in dem Gemäuer lief auch diese Feierlichkeit erstaunlich ruhig ab. Albrecht wurde stumm gegrüßt und auch wieder verabschiedet. Sein Begleiter aus dem Wald klärte ihn schließlich auf: Die Gesellschaft, der er beigewohnt hatte, bestand aus einem seiner Vorfahren und dessen Helfern. Dieser war zwar ein tapferer Kreuzritter gewesen, aber zugleich habe er seine Untertanen gequält und sein Vermögen verschleudert. Zur Strafe sitze er nun hier, ausgeschlossen von der ewigen Glückseligkeit. Albrecht, der noch den Weg aus dem Wald gezeigt bekommen hatte, war entsetzt. Er verstand die Warnung und stiftete für sein Seelenheil ein Kloster. Berthold von Eberstein, der von der Erzählung seines Jagdgefährten stark berührt wurde, tat es ihm gleich.

Zwar waren die von Eberstein tatsächlich die Gründer des Klosters, allerdings erst gut fünfzig Jahre später. Über sechshundert Jahre danach, 1803, erfolgte durch den neuen Besitzer, das Großherzogtum Baden, die Aufforderung, das Kloster zu verlassen. Die letzte Äbtissin, Maria Viktoria von Wrede, einst Protestantin und Kammerfrau der badischen Herzogin, verließ mit den Frauen den Ort nur unter Protest – und diesen äußerte sie unmissverständlich unter der Klosterpforte. Sie wandte sich noch einmal um und verfluchte jeden, der die Gebäude zu weltlichen Zwecken missbrauchen oder sie abbrechen und dort Steine holen würde. Diesen kündigte sie Unglück und Feuerschaden an.

Die Äbtissin behielt Recht. Sämtliche Versuche, die Bauten anderweitig zu nutzen, schlugen spektakulär fehl. Drei Anläufe wurden unternommen, Fabriken im früheren Kloster einzurichten, jedes Mal ging das Vorhaben schon nach kürzester Zeit schief. Die Kirche, die ebenfalls in die Industrieprojekte integriert werden sollte, wurde ausgeräumt, sogar die Gräber verpflanzte man nach Marxzell, schon nach wenigen Jahren war das Dach kaputt, der Bau verfiel. Alte, aber auch neu in Frauenalb errichtete Häuser wurden nicht selten von Bränden heimgesucht. Mühlen, Sägewerke, Gasthöfe, immer wieder traten Feuer auf.

Ort Frauenalb, Landkreis Karlsruhe (KA)

Charakteristik Einst ein einflussreiches Frauenstift, ging der Glanz nach Auflösung des Klosters schnell verloren. Schuld daran: der Fluch der letzten Äbtissin.

Tipp Natürlich sollte man auch in Bad Herrenalb vorbeischauen. Für Wanderfreudige ist dies auf dem historischen Klosterpfad möglich, der die beiden Orte verbindet.

Einkehr Frauenalb und Bad Herrenalb

↑ Nur Bruchstücke blieben von der Abtei.
← Klosterruine Frauenalb

In Frauenalb schien sich also der Fluch der Äbtissin zu erfüllen. Nur wenige Bewohner gab es hier, drum herum vermoderten die Kirche und die Konventgebäude. Weitere Wiederbelebungsversuche scheiterten, die Besitzer wollten ihren Erwerb zumeist bald wieder loshaben. Seit Beginn des 20. Jahrhunderts als romantische Ruine wiederentdeckt, ging das Gelände 1959 an eine Stiftung über, die sich der Konservierung und der Kultur im Kloster widmet.

Die Äbtissin scheint damit einverstanden zu sein, größere Vorfälle blieben seither aus.

5 Der Heiligenberg bei Heidelberg

Heiden, Heilige und Hurengesindt

Im Februar des Jahres 1542 ritt der Graf Froben Christoph von Zimmern nach Speyer, doch war er vor Einbruch der Dämmerung noch weit vom Ziel entfernt, hatte er doch die üblichen Wege vermieden, denn im Land grassierte die Pest. Dem nicht genug, dass es bereits dunkel wurde, verirrte er sich, nur begleitet von einem Diener, auch noch im Odenwald, sodass sie versehentlich auf dem Heiligenberg landeten, nun schon mitten in der Nacht. Zwar waren jenseits des Neckars die Stadt Heidelberg und das Schloss, die beleuchtet waren, grob erkennbar, aber schier nicht erreichbar. Froben und sein Diener empfanden die Umgebung des Heiligenbergs als so beängstigend, fühlten sich von hellen Schimmern, die sie als Irrlichter interpretierten, in die Irre und an Abgründe geführt, dass sie am Ende nicht einmal mehr wagten, am Stephanskloster anzuklopfen, weil sie sich nicht sicher waren, ob dort überhaupt noch jemand wohnte. Sie übernachteten im Freien, wo sie sich von der Kälte schließlich dauerhafte Erfrierungen zuzogen.

Der in der Zimmerschen Chronik überlieferte Bericht über die Reise des Grafen und seinen ungewollten Aufenthalt auf dem Heiligenberg gibt einen interessanten Einblick über den Stand und die Wahrnehmung dieses geheimnisvollen und geschichtsträchtigen Odenwaldbergs in jener Zeit, der allein etwas vorragend vor der Linie des Gebirges steht und so schon immer die Menschen anlockte – er war aufgrund dieser Lage militärisch gut zu befestigen – und mystisch faszinierte. Aber eben auch ängstigte. War seine Historie doch stets auch eine Geschichte des Verfalls, und so finden sich dort oben zahlreiche Überreste verschiedener Epochen.

Graf Froben und sein Diener hätten ruhig am Stephanskloster anklopfen können. Tatsächlich war der Bau noch bewohnt, aber sein Aussehen mag damals diesen Eindruck schon nicht mehr vermittelt haben. In dem womöglich halb verfallenden Gebäude hauste noch Bruder Moritz, der letzte Mönch der einst jahrhundertelangen ruhmreichen Klostertradition. Diese endete nominell erst 1556 mit Einführung der Reformation, doch zu diesem Zeitpunkt dürfte auch Bruder Moritz bereits gestorben gewesen sein. Das kleine Stephanskloster auf dem vorderen Teil des Heiligenbergs, eine um 1090 errichtete Filiale des größeren hinteren Michaelsklosters, verschwand schließlich vollends. Erst im 20. Jahrhundert wurden die Grundmauern wieder freigelegt.

Dem Michaelskloster auf dem hinteren, etwas höheren Teil des Heiligenbergs war es keineswegs besser ergangen. Der gesamte Berg, einst eine mächtige Festung der Kelten, deren Ringwallanlagen noch gut erkennbar sind, dann der Ort eines römischen Tempelbezirks, einem Heiligtum des Gottes Merkur, gelangte zu karolingischen Zeiten an das Kloster Lorsch, eines der bedeutendsten im Frühmittelalter, das hier auf dem

↑ Übersät mit Ruinen: der Heiligenberg
← Nächtliches Heidelberg

Tempel um 882 eine Niederlassung errichtete, die es 1023 zu einem Benediktinerkloster ausbaute. Die repräsentativen, weithin sichtbaren Bauten, heute als wiederhergestellte Ruinen noch einiges von ihrer Monumentalität erahnen lassend, wurden bald zum Wallfahrtsort, beherbergten sie doch die Gebeine des ersten Hirsauer Abtes Friedrich. Das war aber auch schon der Höhepunkt der Erfolgsgeschichte. Das Kloster Lorsch verlor rasch an Einfluss, die Mainzer Bischöfe übernahmen den Besitz, ab 1265 Prämonstratenser aus Allerheiligen im Schwarzwald das Kloster. Damit änderte sich nicht nur der Name des Berges zum heute bekannten. Als 1460 der Pfalzgraf Landesherr wurde, war es um das Kloster schon so schlecht bestellt, dass 1503 beim Einsturz eines Turmes gleich drei Mönche getötet wurden. 1537 galt das Michaelskloster bereits als verlassene Ruine.

Eine, bald zwei Klosterruinen, dazu allerhand schwer deutbare Überreste längst vergangener Zeiten, mit der groben Erinnerung an heidnische Tempel, es verwundert kaum, dass nicht nur verirrten Grafen der Heiligenberg unheimlich war. Zudem im dichten Wald sich »allerhandt buben, bettler und hurengesindt« herumtrieben, die für tatsächliche Unsicherheit der Wege über den Berg sorgten. Recht zweifelhaftes Volk versammelte sich dann auch in der Mitte des 20. Jahrhunderts, als die Nazis hier ihre pompöse »Thingstätte« errichten ließen. Diese sollte großen Versammlungen und »Thingspielen« in vermeintlich germanischer Tradition dienen, 15.000 Menschen fasste das mit modernster Technik ausgestattete Amphitheater. Doch die Anziehungskraft war selbst auf hartgesottene Nazis gering. Volksversammlungen waren Hitler bald zu »demokratisch«, die Thingspiele so künstlerisch minderwertig wie langweilig. Noch zu Nazizeiten verfiel auch dieser größenwahnsinnige Bau.

Auf der vorderen Seite des Hügels, nahe am Stephanskloster, findet sich schließlich noch das Heidenloch, ein gut 56 Meter weit in den Berg getriebener Brunnengang. Lange größtenteils verschüttet, teils mit Bauresten des Klosters aufgefüllt, wurde dieser die Menschen besonders faszinierende Ort inzwischen wieder freigelegt. Eine Sage berichtet, das Heidenloch führe bis zum Neckar oder gar unter diesem hindurch bis hinauf zum Heidelberger Schloss. Um dies zu überprüfen, habe man einen ohnehin zum Tode Verurteilten in das bereits einsturzgefährdete Loch hinabgelassen, der dort zu seiner Überraschung erst auf zwei Löwen, dann auf eine Kammer mit drei Herren in altertümlicher Kleidung stieß, die ihm Gold mitgaben, aber auch die Warnung, dass nie mehr ein Mensch das Heidenloch betreten dürfe. Dies schrieben sie auf ein Pergament, das sie ihm mitgaben. Angeblich wird es noch immer in der Heidelberger Bibliothek aufbewahrt.

Ort Heiligenberg, Stadt Heidelberg (HD)

Charakteristik Einer der geheimnisumwittertsten Berge Baden-Württembergs, was auch an seiner langen Vergangenheit liegt. Deren Überreste – Klosterruinen, Römertempel, Keltenwälle – haben die Menschen schon immer fasziniert, aber auch verängstigt.

Tipp Kurz: Heidelberg. Dazu muss man eigentlich weiter nicht viel sagen. Sie können dort in einer der Bibliotheken ja mal nach dem Pergament aus dem Heidenloch fragen ...

Einkehr Heidelberg

➔ Aussichtsturm auf den Ruinen

6 Kloster Hirsau

Heiliger Leichenraub

Die Legende berichtet, wie der »Umzug« des heiligen Aurelius von ursprünglich Mailand bis nach Hirsau zustande kam. Ein Verwandter des Calwer Grafen Elfrid, Noting, war demnach 830 Bischof des italienischen Vercelli. Ihn plagte Heimweh, doch mochte er dort nicht ohne spektakuläres Geschenk auftauchen. In Mailand bat er um die Überlassung des heiligen Aurelius, dem er bereits ein großes Mausoleum hatte errichten lassen. Die Bitte wurde gewährt und der Heilige bekam in Vercelli einen kostbaren Schrein.

Der sollte aber, nach Notings perfidem Plan, nur Zwischenstation sein. Heimlich entnahm Noting die Gebeine Aurelius', versteckte sie in seiner Kammer und nahm sie dann in seiner Satteltasche mit auf Heimatbesuch. Dort angekommen, zeigte er sein wertvolles Mitbringsel der Calwer Verwandtschaft und fragte nach einem geeigneten Standort für ein Kloster. Im Nagoldtal stand bereits eine Kapelle, der Standort war gefunden, Kloster Hirsau wurde gegründet.

Vielleicht liegt es an dieser etwas anrüchigen Gründungsgeschichte, dass sowohl das weitere Schicksal des Heiligen als auch des Klosters nicht gerade vom Glück verwöhnt war. Der erste Konvent, das Aureliuskloster, ging im Dunkel der Geschichte wieder unter. Mit ihm verschwanden die Gebeine des heiligen Aurelius. Erst gut zweihundert Jahre später, 1049 mahnte der Papst, das Kloster neu zu beleben. Es dauerte, aber im Jahr 1065 zogen tatsächlich wieder Mönche ein. Der Nachfolger des ersten Abtes, Wilhelm, wurde zur wichtigsten Gestalt der Hirsauer Geschichte.

Das Aureliuskloster wurde äußerlich und innerlich neu aufgebaut. Wilhelm orientierte sich an den strengen Regeln der französischen Abtei Cluny und setzte damit neue Maßstäbe. Die Hirsauer Reform hatte solche Strahlkraft, dass sie nicht nur zahlreichen anderen Konventen als Vorbild diente, sondern für einen enormen Zulauf ins Kloster sorgte. Wilhelm nutzte dies, um sein Kloster auf das andere, sicherere Nagoldufer zu verlegen und dort eine riesige Musteranlage errichten zu lassen. Auch dieses »Hirsauer Schema« wurde gern kopiert, die Kirche war zudem eine der größten im ganzen Reich. Es war die – kurze – Blüte der Abtei.

Dann hörte man über Jahrhunderte kaum mehr etwas aus Hirsau. Es ging bergab, fast schon peinlich, dass das große Reformkloster Mitte des 15. Jahrhunderts selbst um Hilfe zur Reform bitten musste. Was aber immerhin gelang. Das Aureliuskloster war inzwischen gar zu einem Wirtschaftshof verkommen, aber die neue Abtei St. Peter und Paul erlebte im Spätmittelalter noch einmal einen Aufschwung, den unter anderem die neue Marienkapelle und der Kreuzgang belegen. Aber da tauchte schon die Reformation auf. 1534 verbot der Württemberger Herzog die Aufnahme von Novizen, Hirsau wurde evangelische Schule.

1589 errichteten sich die Herzöge ein Jagdschloss für kurze Aufenthalte auf dem Gelände, das aber nur selten genutzt wurde. 1692 kamen schließlich die Franzosen unter General Mélac und verwüsteten Schloss und Ex-Kloster. Die Zerstörungen waren erheblich, aber nicht unreparierbar, doch hatten die Herzöge das Interesse an Hirsau verloren, die Schule wurde verlegt, das Schloss nicht wiederaufgebaut, das Kloster durfte jedermann als Steinbruch nutzen, die Aureliuskirche war inzwischen eine Scheune. Aurelius war auch nicht mehr da. Bei Gründung des zweiten Klosters hatte man ihn zwar wiedergefunden, nach der Reformation aber verschenkt. Über einige Zwischenstation kam er 1955 nach Hirsau zurück, ganz legal. Er ist nun wieder in seiner Aureliuskirche.

Ort Hirsau, Landkreis Calw (CW)

Charakteristik War es der Raub des heiligen Aurelius, der dem Kloster Hirsau über Jahrhunderte kein Glück gebracht hat? Heute besteht es fast nur noch aus – immerhin hübschen – Ruinen.

Tipp Etwas vom Kloster entfernt stößt man auf die Bruderhöhle. Das geheimnisvolle Felsloch war wohl im Mittelalter von Einsiedlern bewohnt.

Einkehr Hirsau

↑ Details der Klosterzeit finden sich überall.
← Ruine des Klosters und des Jagdschlosses

7 Ketsch

Der doppelte Enderle

Im Jahr 1578 war eine Gesandtschaft des Pfalzgrafen nach Schweden unterwegs, um eine Ehe mit dem dortigen Herzog anzubahnen, der Aussicht hatte, später König zu werden. Als die Pfälzer auf See waren und bei starkem Wind voransegelten, kam ihnen aus der Gegenrichtung ein Schiff in flotter Fahrt entgegen, was eigentlich unmöglich war. Als sich das Schiff so weit genähert hatte, dass sich die Wege kreuzten, rief man hinüber, wohin man des Weges wäre. Die Antwort lautete: »Wir bringen ihn, wir bringen ihn, den dicken Enderlin von Ketsch nach Heckenfeldt.« Mit Heckenfeldt war der isländische Vulkan Hekla gemeint, den Enderlin von Ketsch aber kannten die meisten der Pfälzer Gesandten. Er war ein Wirt aus genanntem Ort. Als sie schließlich wieder daheim in Heidelberg waren, erkundigten sie sich – nur um festzustellen, dass

Ort Ketsch, Rhein-Neckar-Kreis (HD)

Charakteristik Wer war Enderle von Ketsch, der noch heute auf Schiffen umgeht? Ein bösartiger Bürgermeister oder ein lokaler Held, der nach Rache dürstet?

Tipp In Ketsch gibt es die Rheininsel, nur über eine Fußgängerbrücke zugänglich und als stilles Naturparadies zur Naherholung sehr beliebt.

Einkehr Ketsch

er in jenem Moment verstorben war, als sie dem Schiff begegneten.

Dies ist die erste bekannte Überlieferung über das Enderle von Ketsch, keineswegs als Sage, sondern als durch Zeugen beglaubigtes Erlebnis in einer Chronik des frühen 17. Jahrhunderts eingetragen, also kurz nach den vermeintlichen Ereignissen. Fortan trat der Enderle in ähnlicher Variation des Öfteren auf, es handelt sich um ein sehr altes Motiv, das auch in anderen Geschichten vorkommt, nur dass es in unserem Fall mit jeweils konkreten historischen Personen und Ereignissen verknüpft ist. Für den Enderle ist das kaum schmeichelhaft, denn die Begegnung mit dem Totenschiff auf dem Weg zu einem Vulkan bedeutet, dass er – buchstäblich – zur Hölle fährt.

Dazu würde passen, dass ein Enderle tatsächlich im 16. Jahrhundert als langjähriger Schultheiß von Ketsch nachgewiesen werden konnte. Er war zugleich Wirt und wohl auch für den Fährdienst über den Rhein zuständig. Soweit die nachweisbaren Fakten. Dann gehen die Ansichten auseinander. Die vorhandenen Dokumente scheinen anzudeuten, dass Enderle bei der Bevölkerung nicht sehr beliebt war. Bei der Obrigkeit dagegen schon, nahm er es doch sehr genau und lieferte seine Mitbürger auch bei kleineren Vergehen den Verfolgungsbehörden aus.

Doch die Legende weiß es anders. Sie berichtet, dass Enderle als Bürgermeister von Ketsch in Konflikt geriet mit dem Pfalzgrafen Ottheinrich. Dessen aufwendige Bauvorhaben führten zu erdrückenden Steuern, zudem wurden die Untertanen ständig zu Fronarbeiten herangezogen. Zugleich liebte der Kurfürst die Jagd, wobei er mit seinen Freunden keinerlei Rücksicht nahm auf die Äcker und Weiden, die bei den Ritten Schaden nahmen. Proteste Enderles zum Schutz seiner Bauern waren erfolglos.

↑ In den Rheinauen versank Enderles Tochter.
← Ketsch

Als er schließlich wieder einmal einer Jagdgesellschaft begegnete, kam es zum Streit, in dessen Verlauf Enderle einen der Begleiter des Kurfürsten erschlug. Er wurde mitsamt seiner Tochter festgenommen und auf das Schloss gebracht. Als die Ketscher davon erfuhren, befreiten sie beide, doch auf der Flucht durch die sumpfigen Rheinauen kam Eva, die Tochter des Enderle, ums Leben. Jetzt war der Ketscher Schultheiß untröstlich, er schwor ewige Rache: »Dein Name sei ausgelöscht, über Land und Meer will ich dich hetzen, ich, der Enderle von Ketsch!« Und er hat Wort gehalten, auch noch lange nach seinem Tod. Seither taucht er immer wieder auf, besonders auf Schiffen, und ruft seinen Fluch mit den Worten: »Ich bin der Enderle von Ketsch!« – zur Hölle fahren nun die anderen.

8 Fausts Geburtshaus in Knittlingen

Ich bin's, bin Faust …

Johann Georg Faust war keineswegs nur eine literarische, sondern eine historische Persönlichkeit. Seine Existenz ist dokumentarisch abgesichert, auch wenn es zahlreiche Unwägbarkeiten gibt. Denn Faust taucht in seiner vermuteten Lebenszeit zwischen 1480 und 1540 immer nur kurz und blitzartig auf, nachweisbar ist er erst ab 1506, immer wieder gibt es sehr lange Lücken. Sicherlich war er schon zu Lebzeiten zumindest in bestimmten Kreisen recht bekannt, aber dies war ein eher zweifelhafter Ruhm, richtig populär wurde er erst durch das Faustbuch von 1587 und natürlich Goethes Theaterstück. Seitdem jedoch stritten sich mehrere Orte um die Ehre, dass Faust hier das Licht der Welt erblickt habe. Ein paar andere wollen wenigstens für sich beanspruchen, dass er hier gestorben sei.

Die Verwirrung rührt natürlich daher, dass wir, wie erwähnt, recht wenig über Fausts so berühmt-berüchtigte Taten wissen. Er war als Wahrsager, der unter anderem Horoskope erstellte – etwa 1520 für den Bamberger Bischof – tätig, als Alchemist und wohl auch als Heilmittelchenverkäufer. Zu anderen Zeiten dürfte er sich in sein Labor zurückgezogen haben, denn welche Art von Alchemie Faust betrieb, ist nicht klar. Einerseits gab es die betrügerische Variante, die mit billigen Zaubertricks gutgläubigen Opfern das Geld aus der Tasche zog, anderseits die ernsthafte, »wahre« Alchemie, die auf einem sehr komplexen philosophischen System beruhte und einen großen Aufwand an Schriften und Arbeitszutaten erforderte, um die Suche nach dem Stein der Weisen zu ermöglichen, der die Elemente umwandeln konnte oder gar ewiges Leben versprach. Faust dürfte demnach eher dieser Richtung zugezählt haben, was nicht heißt, dass er nicht zugleich ein wortgewandter und trickreicher Verkäufer seiner Sache war, denn die teuren Experimente mussten finanziert werden.

Was nun seinen durch Urkunden nicht belegten Geburtsort angeht, so bestehen heute keine ernsthaften Zweifel mehr, dass es sich dabei um Knittlingen handelt. Hierfür gibt es einige indirekte literarische Hinweise nach seinem Tod, dazu einige schwerwiegende Indizien vor Ort selbst.

1837 grub man unter einer Scheune, die an Fausts vermutetes Geburtshaus grenzt, einen Schrank aus, der hier wohl versteckt worden war – Knittlingen war mehrfach kriegerischen Zerstörungen ausgesetzt: es dürfte sich um eines der seltsamsten Möbelstücke überhaupt handeln.

Der Schrank hat die Form eines Sechsecks, eines Hexagramms, und trägt noch alchemistische Zeichen. Heute wird »Fausts Giftschrank« in dem Haus gezeigt, wo sich 1921 in einem Balkenastloch ein Beutelchen mit einem Zettel fand, der einen magischen Abwehrzauber, die sogenannte Sator-Arepo-Formel enthielt. Fausts eigene Handschrift? Das ist unklar, es fehlt ein Vergleichsstück. Die Argumente, die für Knittlingen als Geburts- und womöglichen Arbeitsort Fausts sprechen, sind also ziemlich bestechend, selbst wenn die genannten Gegenstände gar nicht von ihm, sondern von einem Verehrer und Nachfolger stammen sollten.

Ort Knittlingen, Enzkreis (PF)

Charakteristik Das Geburtshaus Johann Georg Fausts, Alchemist, Astrologe und vermeintlicher Teufelsbündler, später literarische Figur von Weltrang

Tipp Nur wenige Kilometer von Knittlingen entfernt steht das UNESCO-Weltkulturerbe Kloster Maulbronn. Der Besuch lohnt nicht nur architektonisch, sondern auch hier gibt es einige mit Faust verbundene Schauplätze, auch wenn diese eher legendarisch als historisch sind.

Einkehr Knittlingen

↑ Klassisch: Faust als Grübler
← Kloster Maulbronn

↑ In Staufen im Breisgau fand Faust ein böses Ende.

9 Die Teufelsmühle

Begegnungen mit dem Leibhaftigen

Etwas über 900 Meter ist die Teufelsmühle zwischen Loffenau und Gernsbach hoch und Besucherinnen und Besuchern werden die überall herumliegenden seltsamen Gesteinsbrocken auffallen, die sich dort auf der Höhe finden und für die unsere Vorfahren ihre ganz eigenen Erklärungen hatten. Die eine – bekanntere – lautet folgendermaßen:

Mühlen – in diesem Fall echte Mühlen – gab und gibt es im Murgtal sehr viele und ein besonders ehrgeiziger, aber auch jähzorniger Mann hatte sich ein schönes Exemplar an dem wilden Schwarzwaldfluss erbaut – doch je nach Jahreszeit hatte er zu wenig Wasser und das Mühlrad stand still oder die Murg kam als Sturzbach aus dem Gebirge und überflutete sein Gehöft. Als wieder einmal das Hochwasser in die Gebäude drang, fluchte er kräftig vor sich hin und wünschte beim Teufel, er hätte eine Mühle hoch auf dem Berg. Der Angesprochene reagierte prompt und erschien umgehend. Natürlich hatte er gleich ein Angebot parat: Er werde ihm die gewünschte, in jeder Hinsicht wassersichere Mühle auf dem Berg errichten, als preiswerte Gegengabe verlange er lediglich die Seele des Müllers nach dessen Ableben.

Dieser überlegte lange, ging aber schließlich auf das Geschäft ein – unter zwei Bedingungen: Der Teufel müsse ihm den Bau vor Anbruch des nächsten Tages fertigstellen und ihm in jedem Falle noch eine Lebenszeit von 40 Jahren garantieren.

Zeit auf die Seele zu warten, hatte der Teufel buchstäblich ja ewig, 40 Jahre waren ihm ein Wimpernschlag und die Mühle dort oben errichtete er sowieso im Handumdrehen, sie war schon um Mitternacht fertig. Er bat seinen Auftraggeber, den Bau zu besichtigen, an dem nichts auszusetzen war, er war auf teuflische Art geradezu perfekt. Der Müller sah sich alles haargenau und akribisch an, konnte aber keine Mängel finden. Trotzdem beschwerte er sich bei dem Teufel, dass zwar alles vorhanden sei, ein entscheidender Stein aber noch fehle, er bitte ihn, diesen noch zu holen und einzufügen. Der Teufel folgte auch diesem Auftrag und verschwand, schon bald mit dem gewünschten Objekt zurückkehrend. Doch als er noch in der Luft über der Mühle war, hörte man von Loffenau herauf den ersten Hahn krähen. Der Müller hatte gewonnen – scheinbar. Denn der Zorn des Teufels war so groß, dass er den mitgebrachten Stein auf die Mühle warf und diese anschließend regelrecht zerriss.

Eine andere Version ist noch etwas gruseliger. Hier hören wir von einem mephistophelischen Pakt zwischen Gott und dem Teufel, wobei Ersterer Satan erlaubte, auf dem Berg eine Mühle zu errichten, in der er täglich drei Menschen zersägen dürfe. Bedingung dieses Mal: Vorher habe er drei Säcke mit Wasser von der Murg hochzutragen, um die Mühle in Betrieb nehmen zu können. Das war natürlich recht gemein vom Herrn, der wahrscheinlich nicht damit gerechnet hat, dass es seinem Gegenspieler gelingen würde, Sack um Sack ohne Verluste hochzuschleppen. Als er bereits mit der entscheidenden dritten Ladung unterwegs war, sprang ihm ein Hase über den Weg, der ihn so erschreckte, dass er den Sack fallen ließ, der sofort platzte und auslief. Aus Frust zersägte der Teufel fortan in seiner Mühle keine Menschen, sondern Felsbrocken.

Ort Loffenau, Landkreis Rastatt (RA)

Charakteristik Wie die Teufelsmühle zu ihrem Namen kam, darüber berichten zwei unterschiedliche Sagen, die von den Überresten des Besuchs des Leibhaftigen auf dem Berg erzählen.

Tipp Das unterhalb der Teufelsmühle gelegene Gernsbach im Murgtal ist mit seiner gut erhaltenen Altstadt ein schöner Ausgangspunkt für die Wanderung auf den Berg.

Einkehr Ausflugsgaststätte Teufelsmühle und Loffenau

↑ Eine ganz harmlose Schwarzwaldmühle
← Gernsbach

10 Zwei Gräber auf dem Hauptfriedhof Mannheim

Im Tod vereint

Da liegen sie, nicht weit voneinander entfernt auf dem Mannheimer Hauptfriedhof, der eine in Grab 83, der andere in Nummer 138, der Attentäter und sein Opfer. Heute sagen uns die Namen nur noch wenig, doch August von Kotzebue (Nr. 138), das Opfer, und Karl Ludwig Sand, der Täter (Nr. 83), waren einst international bekannte Berühmtheiten, der eine vor dem Mord, der andere danach.

August Friedrich von Kotzebue (1761–1819) war nicht nur einer der erfolgreichsten, wenn nicht gar der meist gespielte Dramatiker seiner Zeit. Er war hinzukommend ein umtriebiger Publizist, seine Zeitschriften waren nicht sonderlich langlebig, aber auch nicht ohne Einfluss. Warum sollte also jemand einen solch offenbar engagierten und vielseitigen Mann umbringen wollen? Natürlich aufgrund seiner Schriften gegen die Französische Revolution, gegen Klassik und Romantik, gegen die junge Generation im Allgemeinen. Und er arbeitete auch aktiv gegen die vermeintlichen Gefahren eines Umsturzes, indem er den russischen Zaren mit Nachrichten aus dem Reich versorgte. Er war reaktionär und in den Augen vieler ein Landesverräter; zusätzlich prädestinierte ihn seine herausragende öffentliche Stellung als gefeierter Bühnenautor zum Feindbild der Burschenschaftler.

Einer von diesen, Karl Ludwig Sand, hegte den Plan zur Ermordung Kotzebues mit viel Akribie, besuchte Anatomievorlesungen, besorgte vorsichtshalber gleich zwei Dolche, verfasste mehrere unveröffentlichte Bekennerpamphlete. Sand, aus der Enge und Abgeschiedenheit des oberfränkischen Wunsiedel stammend, studierte Theologie; in den Kriegen gegen den »Erzfeind« Napoleon kam er nicht mehr zum Einsatz, für ihn eine bittere Enttäuschung. Dieses Manko versuchte er nun durch sein Attentat vergessen zu machen.

Die Ermordung des Staatsrates in Mannheim 1819 ging erstaunlich problemlos vonstatten. Sand erdolchte ihn als freundlich hereingebetener Gast in dessen Wohnung mit mehreren Stichen und hätte leicht unerkannt fliehen können, wäre ihm nicht der vierjährige Sohn Kotzebues plötzlich in der Tür begegnet. Sand wurde von Mitleid erfasst und versuchte sich selbst zu erdolchen – was misslang. Effektiver war der Staat: Am 20. Mai 1820 wurde der geständige Attentäter Sand in Mannheim hingerichtet.

Die Folgen von Sands Attentat sind hinreichend bekannt: Es war ein willkommener Anlass zum Erlass der Karlsbader Beschlüsse, das Deutsche Reich wurde noch reaktionärer. Sand jedoch widmeten berühmte Schriftsteller von Frankreich bis Russland Erzählungen und Gedichte, das Publikum hatte nach seiner Hinrichtung die

Ort Mannheim, Stadtkreis Mannheim (MA)

Charakteristik Sie waren Feinde. Und so brachte der eine, Karl Ludwig Sand, den anderen, August von Kotzebue, um. Der war schon berühmt, der andere wurde es nun. Jetzt liegen beide auf dem Mannheimer Hauptfriedhof.

Tipp Wem als schauerlicher Ort ein riesiger Friedhof längst nicht genug ist und wer sich weiter gruseln möchte, der gehe zum Schloss – siehe nächstes Kapitel.

Einkehr Mannheim

↑ Nicht hinter jedem biedermeierlichen Grab verbirgt sich zum Glück eine blutige Geschichte.
← Hauptfriedhof Mannheim

Plattform gestürmt und zerlegt, ein beliebtes Andenken – neben Haar vom Toten oder in Blut getauchte Taschentücher. Später wurde auch er, wie Kotzebue, mehr oder weniger vergessen.

Eine Säule krönt heute sein Grab auf dem Mannheimer Friedhof, wohin beide nach dessen Auslagerung und Neueinrichtung 1840 hin verlegt wurden. Kotzebues Denkmal ist weitaus origineller, etwas bizarr ragt ein Würfel zwischen zwei Schauspielermasken hervor. Die Aufschrift hatte er selbst bereits festgelegt. Wer sie liest, verspürt etwas von der arroganten Wehleidigkeit des sich stets verkannt Glaubenden: »Die Welt verfolgt' ihn ohn' Erbarmen – Verläumdung war sein trübes Los – Glück fand er nur in seines Weibes Armen – Und Ruhe in der Erde Schoss – Der Neid war immer wach ihm Dornen hinzustreuen – Die Liebe lies ihm Rosen blühen – Ihm wolle Gott und Welt verzeihen – Er hat der Welt verzieh'n.«

11 Schloss Mannheim

Spuk im Barockklotz

Das Mannheimer Schloss rief bei den meisten Besuchern von jeher zwiespältige Gefühle hervor. So schreibt ein Historiker des 19. Jahrhunderts mit ironischem Unterton: »Ein schönes Werk ward es nicht, aber ein riesenhaftes Gebäude, das sich mit den größten in Europa messen konnte und durch seine dichten Steinmassen imponierte.« Seither hat sich an diesem Eindruck wenig geändert, im Gegenteil, die schiere Monumentalität des Baus beeindruckt noch immer, aber die Wirkung wurde inzwischen durch Kriegsschäden und die Veränderung der Umgebung, die einst streng auf das Schloss ausgerichtet war, noch mehr zum Nachteil verändert – und auch das Innere hat durch Zerstörungen schwer gelitten.

Gleichwohl: Das Mannheimer Schloss, 1720 bis 1760 errichtet, mag nun nicht der glanzvoll schönste Schlossbau sein, er ist unzweifelhaft der größte in Deutschland und wird in Europa nur noch vom direkten Konkurrenten Versailles übertroffen, den man unbedingt schlagen wollte, indem man wenigstens ein Fenster mehr als die Franzosen aufweisen konnte. Residenz war Mannheim nur wenige Jahrzehnte, 1720 verlegten die Pfälzer Kurfürsten ihren Sitz von Heidelberg hierher, 1777 zogen sie nach München weiter.

↑ Eher grotesk als gruselig
← Barockschloss Mannheim

War das Schloss auch überdimensioniert, nicht gerade schön und diente es auch nur kurz seinem vorgesehenen Zweck, so gleichen dies die dort wohnenden Spukgestalten wieder aus, denn sie besitzen recht bösartigen Humor. Ein durch die Gänge des Schlosses wandelndes Hoffräulein in barocker Tracht legte stets Wert darauf, von den Wachen gegrüßt zu werden, die hierfür allerdings ihre Bajonette umzudrehen hatten – die Gewehre sollten mit dem Kolben nach oben zeigen. Als einer der Soldaten dies einmal vergaß, zögerte die Dame nicht lange und verpasste ihm eine ordentliche Ohrfeige.

In den Nächten um die Jahreswende kann man regelmäßig eine Kutsche aus dem Schloss fahren sehen, darin ein adliges Pärchen. Die Fahrt führt auf den einstigen Prachtstraßen der Quadratstadt ins Zentrum, um dort im Nichts zu verschwinden. Ein allzu neugieriger Mannheimer blieb nachts extra wach, um den Weg des Gefährts und vor allem sein Ziel genau zu beobachten, doch als die Spukgestalten sein Haus passierten, schwoll sein herunter lugender Kopf plötzlich so stark an, dass er ihn nicht mehr zwischen den Fensterbalken zurückziehen konnte. Er musste von Handwerkern aus seiner Misere befreit werden.

Ort Mannheim, Stadtkreis Mannheim (MA)

Charakteristik Die Gespenster in Deutschlands größtem Schloss fühlen sich womöglich in dem Riesenbau etwas einsam, weshalb sie ihre besonderen Macken entwickelt haben.

Tipp Zwar immer wieder von Kriegsereignissen heimgesucht, hat Mannheim im Zentrum seinen alten Charakter als barocke Planstadt noch nicht gänzlich verloren. Hier finden sich sehenswerte Bauten der Residenzzeit sozusagen im Quadrat.

Einkehr Mannheim

12 Der Nonnenbrunnen bei Neckargemünd

Wo sind die Klosterfrauen?

Im Wald nahe Neckargemünd waren zwei Frauen damit beschäftigt, Brennholz und Reisig einzusammeln, als sie plötzlich ungewöhnliche Geräusche hörten. Obwohl fern von den umliegenden Dörfern, schien ganz in der Nähe Orgelmusik gespielt zu werden. Die beiden gingen den Klängen nach und stießen bald auf eine Lichtung mit einem ihnen unbekannten Kloster. Ein Zweifel bestand nicht: Nonnen in weißen Gewändern liefen umher, beteten und sangen. Doch bevor sich die zwei Frauen weiter nähern konnten, wurden sie von Müdigkeit angefallen und schliefen ein.

Als sie erwachten, war weit und breit von einem Kloster nichts zu sehen. Sollten sie sich getäuscht und beide dasselbe geträumt haben? Merkwürdig kam ihnen jedoch nicht nur ihr Erlebnis, sondern auch der Wald vor: Er schien irgendwie verändert, aber sie konnten nicht erfassen, was genau anders war. Zurück in Neckargemünd trafen sie dort auf niemanden, den sie kannten. Die Stadt war ebenfalls verändert, aber vor allem ihre Bewohner. Eine Nachfrage brachte Auskunft: Man erinnerte sich an zwei Frauen, die einst vor hundert Jahren im Wald spurlos verschwunden waren, ihre Kinder – inzwischen selbst längst tot – hatten noch lange nach ihnen gesucht. Geschockt und von einem Moment auf den anderen rapide gealtert, verstarben die beiden späten Heimkehrerinnen noch auf der Stelle.

Sagen von versunkenen Dörfern, Schlössern oder Klöstern, die nur alle hundert Jahre kurz wieder über der Erde auftauchen, sind nicht selten. Oft speisen sie sich aus vagen Erinnerungen an einst tatsächlich vorhandene Orte, heutige Wüstungen. Der Neckargemünder Fall ist noch spannender. Ein Frauenkloster gab es im benachbarten Lobenfeld, doch ist dieses erhalten und steht am Ortsrand, nicht im Wald. Unterhalb der katholischen Kirche von Wiesenbach, einem Neckargemünder Ortsteil, liegen die imposanten Überreste eines romanischen Münsters, doch war dies eine Propstei des Klosters Ellwangen, also ein Männerkonvent.

Trotzdem stößt, wer sich in den Neckargemünder Wald begibt, dort mittendrin auf Ruinen und den Nonnenbrunnen, das angebliche einzige sichtbare Überbleibsel des nur alle hundert Jahre auftauchenden Klosters. Doch die Grundmauern und der – rekonstruierte – Brunnen stammen aus vorchristlichen Zeiten. Die Römer hatten hier einen ihrer Landgutshöfe errichtet, eine sogenannte *villa rustica*. Die Menschen des Mittelalters könnten die Herkunft wahrscheinlich nicht mehr erklären und interpretierten sie als Überreste von etwas ihnen Vertrautem: einem Kloster.

Ort Neckargemünd, Rhein-Neckar-Kreis (HD)

Charakteristik Ein versunkenes Kloster im Wald taucht alle hundert Jahre wieder auf. Nur ein Brunnen ist immer da. Aber Nonnen gab es dort nie.

Tipp Auch wenn es dort keine weißen Nonnen gibt, lohnt sich der Besuch in Lobenfeld, architektonisch wegen der romanischen Kirche, spirituell wegen des Geistlichen Zentrums. Gefahr, dass der Bau urplötzlich verschwindet, besteht nicht.

Einkehr Neckargemünd, Lobenfeld, Wiesenbach

↑ Chorfenster der katholischen Kirche St. Michael in Wiesenbach

← Neckargemünd: hübsche Lage, aber Vorsicht vor unerwartet auftauchenden Klöstern!

13 Das Tempelhaus in Neckarelz

Die Kirchen-Burg

Es ist sicherlich eines der architektonisch bemerkenswertesten und gewissermaßen auch verwirrendsten Gebäude in Baden-Württemberg, das Tempelhaus in Neckarelz. Ist es eine Burg, ist es eine Kirche? Beides? Keines von Beidem? Die Gräben um den Komplex und einige Restmauern sowie die Türme deuten auf eine Burg hin, das Turmdächlein in Zwiebelform, gekrönt mit einem Doppelkreuz, die schlanken gotischen Spitzbogenfenster und ein erkennbar polygonaler Chorabschluss deuten wiederum eindeutig in Richtung Kirche. Nun, genau genommen müsste man sagen, erst Burg, dann Kirche.

Und dann ist da noch der Name. Offiziell handelt es sich in unseren Tagen um die katholische Pfarrkirche Mariä Himmelfahrt, landläufig aber ist der Bau natürlich als Tempelhaus wesentlich bekannter. Die Bezeichnung tauchte erstmals im 16. Jahrhundert auf und geht auf die Vermutung zurück, die Burg sei auf römischen Überresten errichtet worden. Ob sich unter dem jetzigen Bau tatsächlich antike – oder spätere – Überreste befinden, ist bisher archäologisch ungeklärt.

Des Öfteren findet sich allerdings auch der Name Templerhaus, der angesichts des auffallenden Gebäudes mit seiner Mischung aus Burg und Kirche und den Geheimnissen, die den Orden der Templer seit jeher umgeben, besonders gut zu passen scheint.

Gänzlich falsch ist er nicht einmal, spielte doch ein Ritterorden die entscheidende Rolle für den Bau – die Johanniter. Erstere kamen wohl erst durch eine Verwechslung der Orden und Verdrehung der Buchstaben ins Spiel.

Neckarelz wurde bereits 773 erstmals erwähnt, wann hier ein befestigter Ansitz errichtet wurde, ist umstritten. Vermutungen gehen vom späten 10. Jahrhundert bis ins 12. Jahrhundert; gesichert ist jedoch, dass 1297 die Johanniter eine bereits vorhandene Burg erwarben, auf sie geht auch die äußere Gestalt, wie sie sich uns noch immer präsentiert, zurück. Ungewöhnlich war die Anordnung in vier Stockwerken: Statt wie üblich in verschiedene Gebäude verteilt, versammelte man in Neckarelz alle zentralen Funktionen einer Kommende fast schon buchstäblich unter einem Dach. Die Johanniter gaben ihren Neckarelzer Besitz allerdings bereits nach kaum 50 Jahren bereits wieder ab, nach einigem Wechsel ging er schließlich an die Pfalz über. Nachdem die Pfalz die Religionsfreiheit verkündet hatte, feierten die Katholiken in der Kapelle des Tempelhauses ihren Gottesdienst, während der Rest weiterhin als Lager diente. Auch wenn es seit der Nachkriegszeit ein modernes Gotteshaus im Ort gibt, wird das Tempelhaus weiterhin genutzt. Mehrere Renovierungen brachten Faszinierendes zutage, etwa die gemalten Wappenschilder, die durcheinanderzupurzeln scheinen oder ein großes Fresko des heiligen Christophorus.

Es verwundert nicht, dass das Tempelhaus die Fantasie der Menschen anregte. Doch die Sage berichtet erstaunlicherweise nicht von irgendwelchen unheimlichen Templertaten oder wenigstens Rittergeschichten, sondern stattdessen von den auf der gegenüberliegenden Neuburg lebenden

↑ Ob sich hier ein Wasserfräulein verbirgt?
← Blick über den Elzmündungsraum

drei Wasserfräulein, die heimlich durch einen verborgenen Gang gern zu Besuch kamen zu den Tempelfräuleins in der Neckarelzer Burg. Doch stets Punkt acht mussten die Besucherinnen zurück sein. Als sie die Glocke einmal nicht hörten und sich verspäteten, kamen sie nicht wieder. Von ihren Gastgeberinnen gesucht, wurden sie tot im Geheimgang gefunden.

Ort Mosbach-Neckarelz, Neckar-Odenwald-Kreis (MOS)

Charakteristik Das Tempelhaus in Neckarelz stellt den Betrachter vor einige Rätsel. Es sieht zugleich wie eine Kirche und eine Burg aus – und es birgt noch mehr Geheimnisse.

Tipp Ein geheimer Gang führt leider nicht mehr unter dem Neckar hindurch zur Neuburg hinüber, aber der Weg dorthin lohnt sich trotzdem, warten doch ein schöner Ausblick auf Neckarelz und ein Schlossrestaurant auf die Besucher.

Einkehr Neckarelz, Schloss Neuburg

14 Ottersweier

Der schwarze Pfaff

Einem Geistlichen aus Bühl und Ottersweier wurden allerhand Vergehen frei von jeglicher Nächstenliebe nachgesagt. Er ließ sich zwar Messen bezahlen, hielt diese aber nie ab. Die heiligen Öle für die Taufe und Krankensalbung nutzte er zum Schmieren seiner Kutsche. Lossprechung bei der Beichte gab es nur gegen Gefälligkeiten. Und wenn es in der Gemeinde zu einer Hungersnot kam, bot er Brot zu Wucherpreisen an.

Es kann kaum verwundern, dass sein oberster Herr im Himmel einen solch miesen Vertreter seiner Sache nach dessen Tod nicht ungestraft ließ: Der Priester war fortan verdammt, als Untoter am Ort seiner Schandtaten umzugehen. Doch zu einer charakterlichen Veränderung führte dies nicht, von Reue über die Strafe war nichts zu spüren. Als »schwarzer Pfaff« wurde der ruchlose Pfarrer zu einem der bösartigsten Gespenster Badens.

Die Liste der Vorfälle mit dem umtriebigen Toten ist lang. Für gewöhnlich geht er in schwarzer Kutte um, mal mit, mal ohne Kopf, feuerrot glänzen seine Schuhschnallen, stets trägt er ein Messbuch bei sich. Hin und wieder liebt er es auch sich zu verwandeln oder seine Größe zu ändern. Begegnungen mit ihm gehen selten gut aus. Es scheint fast, als sei er im Nachleben noch garstiger geworden.

Dass er sich als Aufhocker verdingt, also Wanderern heimlich hinten auf den Rücken springt und sich tragen lässt, ist noch ein typischer Geisterspuk, auch dass er Fuhrleute narrt, indem er sich auf die Deichsel setzt und die Fahrten dadurch schwer macht oder sich unsichtbar vor die Pferde stellt, die daraufhin scheuen und nicht weiterwollen. Die Verwandlung in ein fremdes Fohlen, das ein Bauer aus Ottersweier auf der Koppel fand, weshalb er es mitnahm, um den Besitzer herauszufinden, das aber am nächsten Morgen aus dem Stall verschwunden war, gehört zu den eher harmlosen Scherzen.

Doch der schwarze Pfaff konnte auch anders. Einem späten Fußgänger, der nachts zwischen Bühl und Ottersweier durch einen Wald ging, begegnete ein Männchen mit überlangen Armen, die bis auf den Boden reichten. Mit diesen packte es den verdutzten Wanderer und drückte ihn mit dem Gesicht in den vorbeifließenden Bach, das Salzwässerle. Nur mit Not entkam der Mann dem Erstickungstod. Natürlich steckte der schwarze Pfaff dahinter.

Ein Wirt in Ottersweier hatte Wein eingelagert, der allerdings eine trübe Färbung hatte und damit schlecht verkäuflich war. Aus Ärger fluchte er laut vor sich hin und verbannte damit unwissentlich den heimlich anwesenden schwarzen Pfaff in das betreffende Weinfass. Nun war der Wein schwärzlich dunkel und völlig ungenießbar geworden. Der Wirt warf das gesamte Fass in seine Mistgrube, woraufhin jedoch die dortige Pumpe nicht mehr funktionierte. Als er den Schmied bestellte, der das Gerät öffnete, fuhr der schwarze Pfaff heraus.

Die Bürger von Ottersweier waren das Treiben des Pfaffen bald leid und so unternahmen sie mehrere Versuche, ihn zu bannen. Spätestens nach dem Vorfall am Salzwässerle war eiliges Handeln geboten. Ein Straßburger Pfarrer, manche sagen, es war sogar der Bischof, kam herüber und beschwor seinen Ex-Kollegen in eine Tabakspfeife. Diese wurde in eine Mühle eingemauert. Doch die Erleichterung war nur von kurzer Dauer: Die Mühle brannte ab und setzte den schwarzen Pfaffen erneut frei.

Ort Ottersweier, Landkreis Rastatt (RA)

Charakteristik Was wird aus einem betrügerischen ausbeuterischen Priester, der sein Amt missbraucht? Natürlich ein bösartiges Gespenst.

Tipp Ein Höhepunkt romanischer Baukunst ist das Münster im benachbarten Schwarzach, nach dem die gesamte Gemeinde inzwischen Rheinmünster heißt.

Einkehr Ottersweier

↑ Wartet hinter der hübschen Fassade schon der schwarze Pfaff?

← Klosterkirche Schwarzach in Rheinmünster

Die Burgruine Weibertreu thront über den Weinbergen.

Franken

15 Die Anhäuser Mauer

Die Wand im Feld

Es gibt Orte, die brauchen keine weiteren Zutaten, um auf uns geheimnisvoll und faszinierend zu wirken. Die Anhäuser Mauer ist ganz sicher einer davon. Weitab der nächsten Dörfer steht sie völlig allein inmitten flacher Felder, weit über zehn Meter hoch aufragend. Die Spitzbogen des Ansatzes eines gotischen Gewölbes sind noch gut erkennbar, dazu eine Säule und Reste eines abgeknickten Maueranschlusses. Vor allem aber zieren die Wand fünf mittelalterliche Grabmäler.

Es ist auch dem Laien auf den ersten Blick klar, dass es sich hier um den seltsamen Überrest einer früheren Kirche handelt. Deren einsame Lage erklärt sich aufgrund ihrer Herkunft aus einer Einsiedlerklause, die ab etwa 1350 bestand. Diese wurde schließlich dem Orden der Pauliner-Eremiten übergeben, der hier 1403 ein richtiges Kloster einrichtete. Die Pauliner lebten zwar in Abgeschiedenheit, arbeiteten aber im Umland in der Seelsorge mit. Sie erfreuten sich großer Beliebtheit, insbesondere beim Adel und erhielten so zahlreiche Schenkungen. Zu den Gönnern gehörten auch die mächtigen Herren von Bebenburg, die sich wiederum sehr gern in der Klosterkirche bestatten ließen – ihre Grabmäler sind es, die wir teilweise noch sehen können.

Der relative Wohlstand des Konvents sorgte allerdings auch für Missgunst. Und so wurde das Paulinerkloster im Bauernaufstand 1525 zerstört. Der Schutzherr, der inzwischen lutherisch gewordene Ansbacher Markgraf, löste 1557 den Konvent endgültig auf, es wurde in einen Gutshof verwandelt, dann an privat verkauft. Auch auf der Suche nach Schätzen im Inneren wurde es um 1700 endgültig zerstört – bis auf das eine große Mauerteil.

Der Grund für die Verschonung gerade dieses Abschnitts mögen die Grabstätten der Bebenburger gewesen sein, aber womöglich schützten auch die einstigen Mönche diesen letzten Rest ihrer früheren Behausung. Denn natürlich geht es dort nicht mit rechten Dingen zu. Schon zu ihrer aktiven Zeit hatten die Anhäuser Pauliner kuriose Namen: Ihres braunen Gewandes wegen nannte man sie in der Umgebung »die Ratten«, auch weil sie angeblich einen unterirdischen Gang in ein benachbartes Frauenkloster hatten. Zudem prangte auf ihrer Kutte ein Totenkopf, weshalb sie, auch nicht gerade beruhigend, als »Väter des Todes« bekannt waren. Und als solche wachen sie womöglich weiterhin über ihr Erbe.

Ort Anhausen bei Satteldorf, Landkreis Schwäbisch Hall (SHA)

Charakteristik Ein an sich schon unheimliches Monument, wie von Geisterhand mitten im Feld platziert, ist die Anhäuser Wand nachvollziehbarerweise Gegenstand von allerlei Sagen.

Tipp Nicht weit ist es bis Kirchberg an der Jagst. Ein Ausflug in die Schlossstadt auf dem Hügel lohnt sich nicht nur wegen deren schöner Lage.

Einkehr Gröningen

↑ In verschieden gutem Zustand präsentieren sich fünf Bebenburger.
← Die Anhäuser Mauer

16 Kloster Bronnbach

Wer ist der unheimliche Abt?

Es liegt noch immer recht einsam im Tal der Tauber und auch äußerlich hat sich das Aussehen des Klosters Bronnbach seit Jahrhunderten nur geringfügig verändert, die typische Grundstruktur einer hochmittelalterlichen Zisterziensergründung blieb gut erhalten, insbesondere die romanische Kirche mit ihrem charakteristischen Dachreiter. Nachdem die Gebäude ab den 1970er-Jahren größtenteils leer standen, ist inzwischen auch wieder Leben dorthin zurückgekehrt.

Obwohl »Leben« vielleicht nicht für jeden Bewohner der richtige Ausdruck ist. Gibt es doch immer wieder Berichte über seltsame und unerklärliche Geräusche im Kloster und einer der früheren Mönche hat Bronnbach wohl ohnehin nie verlassen – dürfen. So wird berichtet, dass ein Abt während stürmischer Zeiten einen Teil des Klosterschatzes in ein nahe gelegenes Waldgebiet habe transportieren lassen. Und nicht zu wenig davon, denn er benötigte hierzu eine Kutsche. Nachdem er die Wertgegenstände vergraben hatte, tötete er den Kutscher als gefährlichen Mitwisser. Doch die Tat flog auf, der Würzburger Fürstbischof ließ den Abt festnehmen und als Mörder enthaupten. Zur Abschreckung sandte er den Leichnam mit Kopf im Schoß nach Bronnbach zurück. Und da geht der kopflose Abt nun weiterhin um.

Gab es tatsächlich einen Klostervorsteher in Bronnbachs Geschichte, der hingerichtet wurde? Tatsächlich floh Abt Clemens Leusser 1554 mit dem Kirchenschatz. Allerdings nicht in einen Wald, sondern nach Wertheim. Der Grund: Er neigte der Reformation zu, suchte deshalb den Schutz der protestantischen Wertheimer Grafen, kurz darauf heiratete er sogar. Dies führte wiederum zu Problemen mit dem Würzburger Bischof, der ihn absetzen und endgültig vertreiben ließ. Seinen Kopf durfte er aber behalten, er starb friedlich 1572.

Noch ein zweiter Abt bekam Probleme mit Würzburg, Sebastian Ulrich (1602–1615). Er nahm es wohl mit den Finanzen nicht ganz so genau und auch sonst schien Bischof Julius Echter ihn nicht gerade für ein asketisches Vorbild zu halten. Er ließ ihn nach Würzburg rufen und nahm ihn dort auf der Marienburg fest. Später kam er unter Hausarrest ins Kloster Bildhausen, dann wurde auch er abgesetzt. Ihm geschah aber nicht mehr als die Degradierung zum Dorfpfarrer.

Wer ist also der kopflose Abt? Nun, es bleibt nur die Möglichkeit, ihn bei einer Begegnung im Kloster Bronnbach selbst zu befragen.

Ort Bronnbach, Main-Tauber-Kreis (TBB)

Charakteristik In der beeindruckenden alten Klosteranlage geht ein Abt um, der seinen Kopf mit sich herumträgt. Welche historische Persönlichkeit steckt dahinter?

Tipp Nur wenige Kilometer entfernt steht über dem Tal die auch mit der Geschichte Bronnbachs immer wieder verbundene, sehr sehenswerte Gamburg, bekannt für ihre erhaltenen romanischen Wandmalereien.

Einkehr Gamburg

↑ Barocke Häuschen
← Die einst mächtige Abtei Bronnbach.

↑ Die beherrschende romanische Klosterkirche

17 St. Wendel zum Stein

Geheimnisse am Felsen

Es hätte anders kommen sollen. Ein Hirte fand auf der Wiese über den Felsen an der Jagst einen Schatz, zum Dank wollte er eine Kapelle am Fundort stiften. Er beauftragte Handwerker, alles wurde vorbereitet, Steine und Balken herbeigebracht, Gräben für die Fundamente ausgehoben. Doch als die Bauarbeiter am nächsten Tag wiederkamen, war das gesamte Material verschwunden. Es fand sich auf unerklärliche Weise unten im Tal auf dem engen Uferstreifen zwischen Jagst und Felswand wieder. Und nicht nur das: Steine und Balken formten bereits einen klar erkennbaren Grundriss zu einer Kapelle.

So berichtet es die Gründungslegende. Geweiht wurde die Kapelle schließlich dem heiligen Wendelin, dem Schutzpatron der Hirten und Schäfer. 1478 wird das Kirchlein erstmals erwähnt, der heutige Bau entstammt der Zeit von 1511 bis 1515. Einmalig ist nicht nur seine Lage, sondern auch seine Verbindung mit dem Felsen: Dieser bildet die Rückwand des Gebäudes. Die Ausstattung ist karg, aber nicht nur wegen der steinernen Wände faszinierend und urig. Die Holzdecke ist bemalt, Apostelkreuze in unterschiedlicher Form zieren die Wände, die Altäre sind – natürlich – aus Stein.

Mit den benachbarten Höhlen hat es einiges auf sich. Eine zeigt Spuren von Bearbeitung, die auf sakralen Gebrauch hindeutet. Es wird vermutet, dass diese »Kapellenhöhle« über St. Wendel einem Einsiedler, der gleich nebenan im nächsten Felsloch lebte, als Andachtsraum diente. Die Mesner später hatten ihr eigenes Häuschen, das noch vorhandene, inzwischen renovierte. Auch dieses birgt ein Geheimnis: Im Inneren gibt es eine Quelle. Hier wiederum mutmaßen die Forscher, dass dies der Ursprung des Heiligtums gewesen sein könnte.

Zurück zu den Höhlen. Eine hat einen leicht seltsamen Namen: Das Peitschen-Babele-Loch, angeblich benannt nach der Anführerin einer Räuberbande, die sich hier ein Zufluchtsrefugium geschaffen hatte. In anderer Schreibweise heißt die Frau, die Herkunft aus einer undeutlichen Schrift scheint allzu offensichtlich, Pritschen-Babele und geht einem etwas anderen Gewerbe nach. Und dann ist da noch die Marderhöhle. Diese verdankt ihren Namen einer Jagd, deren Ende ein ganz anderes war als gedacht. 1936 verschwand ein gehetzter Marder in einem der Felslöcher, seine Verfolger allerdings vergaßen beim Anblick dessen, was sie in der Höhle vorfanden, das Tier auf der Stelle. Hier lagen zahlreiche Skelette, Schmuck und Grabbeigaben. Archäologen konnten die Funde auf die Zeit um 500 v. Chr. datieren.

Heute geht man davon aus, dass dieser ganz besondere Ort für die Menschen schon immer eine Anziehungskraft hatte und spätestens seit Keltenzeiten kultische Handlungen stattfanden, die gewissermaßen bruchlos ins Christliche übergingen. Wie groß die Ausstrahlungskraft St. Wendels ist, zeigt auch die Episode aus den Zeiten der großen Barockwallfahrten. Besonders beliebt war St. Wendel bei den Bauern der Umgebung, die hier für ihr krankes Vieh beteten – oder es sogar an Ort und Stelle mitbrachten. Was so manchen aufgeklärten Ortsherrn im späten 18. Jahrhundert nur mit dem Kopf schütteln ließ, aber so richtig verärgert waren einige Protestanten, gehörten doch ihre Glaubensgenossen aus der Gegend offenbar zu den eifrigsten Besuchern der katholischen Kapelle. Not kennt kein Gebot.

↑ Die geheimnisvollen Höhlen
← Felsenkapelle St. Wendel zum Stein

Ort Dörzbach, Hohenlohekreis (KÜN)

Charakteristik Wer St. Wendel zum Stein jemals auch nur auf einem Bild gesehen hat, kann sich der Faszination des Ortes kaum entziehen. Vor Ort ist dann alles noch viel geheimnisvoller.

Tipp Die Kapelle ist eingebunden in einen »Pfad der Stille«, der sie mit anderen historischen Orten der Umgebung – vom jüdischen Friedhof bis zu Treppen mitten im Wald – verbindet. Eine sehr empfehlenswerte Wanderung.

Einkehr Dörzbach

18 Rund um den Heuchelberg

Das Grab auf der Grenze

Der Heuchelberg besitzt neben seiner reichen Vergangenheit auch einen großen Fundus an Sagen und unheimlichen Geschichten. So treiben gleich zwei ehemalige Generäle nahe des Heuchelbergs ihr Unwesen. Da General Hopp seit seinem grausamen Ende im Dreißigjährigen Krieg, das ihm die wütenden Leingartner für seine ständigen Repressalien bereitet hatten, weiterhin von Großgartach her in die Stadt hineinreitet, wurde sogar eine Straße nach ihm benannt. Dort soll der einst geköpfte Offizier in besonders dunklen und nebligen Nächten noch immer zu sehen sein. Einen etwas weiteren Weg legt General Melac zurück, der in der Gegend zur Zeit des Pfälzer Erbfolgekriegs zugange war und damals den Befehl erteilte, die erntebereiten Felder zu verwüsten, womit er eine Hungersnot auslöste. Zur Strafe reitet er ebenfalls noch immer über die vom ihm damals zerstörten Äcker zwischen Schluchtern und Großgartach. Zwar hat auch er keinen Kopf mehr, anders als General Hopp bevorzugt Melac allerdings hellen Mondschein für seine nächtlichen Umritte.

Es ist folglich schon im Umland nicht ganz geheuer, aber auch auf dem Berg selbst wird es nicht besser. Davon kann eine Musikantengruppe berichten, die einst den kürzesten Weg über den Heuchelberg nahm, um in ihren Heimatort Schluchtern zu kommen, da es natürlich schon spät und dementsprechend dunkel war. Im Wald begegnete ihnen ein edel gekleideter Mann, der sich als Burgherr vorstellte und sie bat, doch auf seinem Ansitz in der Nähe für die Musik zu einem privaten Fest zu sorgen, gute Bezahlung, Kost und Logis inbegriffen. Der Herr hielt sein Versprechen und bot sogar noch weiche Daunenbetten in seinen Räumen an, um sich vor dem Heimmarsch auszuruhen. Doch als sie spät am Tag erwachten, lagen sie nicht mehr sanft gebettet, sondern auf blankem Boden. Die Weinpokale, die sie als Schlummertrunk mitgenommen hatten, erwiesen sich als verweste Kuhfüße, die verdienten Goldtaler hatten sich in Kieselchen verwandelt.

Die seltsamste Geschichte berichtet jedoch von Pfohles Grab. Es liegt der Überlieferung nach an der Stelle, an der einst die Gemeindegrenzen von Nordheim, Schwaigern, Schluchtern und Großgartach aufeinandertrafen. Pfohle war der erfolgreichste Winzer des ganzen Umlands. Und dies, obwohl man ihn kaum arbeiten sah. Dies erledigte sich gewissermaßen von selbst, denn Pfohle war einen Pakt mit dem Teufel eingegangen, sodass er seinen Werkzeugen lediglich Befehle erteilen musste, die daraufhin selbständig in den Weingärten arbeiteten. Naturgemäß ging der Pakt mit diesem speziellen Geschäftspartner auf Dauer nicht gut und eines Tages fand man Pfohle mit tiefblau geschwollenem Gesicht an eben jener Stelle tot liegen, wo man ihn sogleich begrub.

In einer anderen Variante ist Pfohle weitaus harmloser, sein Schicksal aber nicht weniger tragisch. Als bettelnd herumziehender Landstreicher hatte er aus Verzweiflung seinem Leben schließlich selbst ein Ende gesetzt und sich erhängt. Dummerweise hatte er dafür den Baum benutzt, der die genannte Vier-Gemeinden-Grenze markierte. Niemand fühlte sich zuständig, den Selbstmörder zu begraben. Der Behördenstreit sollte durch ein Gespräch der vier betroffenen Bürgermeister gelöst werden. Hier setzte sich letztlich das Oberhaupt von Schwaigern durch, der als Schiedsspruch das lateinische »Ubi bene, ibi patria« sprach – »Wo es mir gefällt, ist meine Heimat« –, das er allerdings, seine Kollegen waren offensichtlich des Lateinischen weniger mächtig, mit »Wo meine Beine sind, ist meine Heimat« übersetzte. Pfohles Beine aber hingen über Schluchterner Grund und so war der Fall entschieden.

Ort Großgartach, Landkreis Heilbronn (HN)

Charakteristik Der Heuchelberg westlich von Heilbronn birgt allerlei Rätsel, vor allem aber sind er und sein Umland bevölkert von einer ganzen Reihe unheimlicher Gestalten.

Tipp Auf einer der Kuppen des Heuchelberger Höhenzuges, dem Ottilienberg, steht die Ruine einer ehemaligen Wallfahrtskirche – ein lohnenswertes Ausflugsziel.

Einkehr Leingarten, Schwaigern, Nordheim

↑ Eine Burg – aber ist sie auch am nächsten Morgen noch da?
← Seit dem 12. Jahrhundert wacht die Burg Neipperg über die Weinberge.

19 Untere und Obere Burg Hardheim

Der Gang der Geschichte

Eigentlich sind es die hoch aufragenden Dinge, die einem als Erstes auffallen, wenn man sich der »Perle des Erfatales« Hardheim nähert: die mächtige neuromanische katholische Kirche im Zentrum, nicht von ungefähr Erftaler Dom genannt, ein vereinzelter mittelalterlicher Turm nicht weit davon entfernt und auf einer Anhöhe am Ortsrand, vermutlich am überraschendsten, das Modell einer modernen Rakete vom Typ Ariane-V. Diese erinnert an den Hardheimer Raumfahrtpionier Walter Hohmann, doch wir wollen uns nicht in die Zukunft, sondern in die Vergangenheit begeben, weshalb uns am meisten der Turm interessiert.

Schön aufrecht steht er allein auf einer Wiese, frei von Nebenbauten, was bis in die jüngere Vergangenheit keineswegs immer der Fall war. Seine eigentliche Umgebung hat der Bergfried der Unteren Burg, denn um deren letzten Überrest handelt es sich hier, schon seit Längerem verloren. Vermutlich der ältere der beiden Hardheimer Ansitze – wo es eine Untere gibt, muss es auch eine Obere Burg geben, wir kommen gleich zu ihr – war sie wohl um 1200 errichtet worden. Auf ihr lebten die Herren von Hardheim, deren Rechte im Ort allerdings von den mächtigeren Fürsten in Mainz, Würzburg und Wertheim abhingen. Als es mit dem Hardheimer Geschlecht bergab ging, musste man zusehends Konzessionen an diese Lehensherren machen, insbesondere an den Würzburger Bischof. Nachdem man sich auch noch in eine Fehde mit dem geistlichen Fürsten verwickelt hatte, wurde die Untere Burg von diesem teilweise zerstört. Zwar schien sie noch eine Zeitlang bewohnt zu sein, aber mit dem Aussterben der Hardheimer setzte dann wohl der Verfall ein.

Nach einigem Hin und Her zwischen den Nachfolgern Wertheim, Würzburg und Mainz setzte sich schlussendlich der Würzburger Bischof durch und wurde alleiniger Ortsherr. Seine Amtmänner zogen allerdings nicht in die nun schon völlig heruntergekommene Untere, sondern in die Obere Burg. Die war kein mittelalterlicher Bau mehr, sondern seit 1561 ein stattliches Renaissanceschlösschen, wo es sich viel besser – und moderner – aushalten ließ. Was sich übrigens auch die heutigen Nachfolger der Amtmänner dachten, sodass hier nun das Rathaus residiert. Allerdings auch angeblich ein bocksbeiniger Unhold, so ist zu hören. Friedlicher sind da die Bewohner der Unteren Burg, weiße Eulen, dem Vernehmen nach die Seelen verstorbener Hardheimer Pfarrer – tatsächlich leben hier jedoch Turmfalken. Das hartnäckigste Gerücht aber handelt von Unterirdischem: Einem Gang zwischen den beiden Anwesen. Der hätte dann unter zwei Gewässern hindurchführen müssen: Untere und Obere waren früher Wasserburgen.

Ort Hardheim, Neckar-Odenwald-Kreis (MOS)

Charakteristik Die Obere beherbergt einen bösen Geist, die Untere Burg dagegen friedliche Seelen. Verbunden sind beide angeblich durch einen Geheimgang unter der Erde.

Tipp Die dritte Burg auf Hardheimer Gemeindegebiet liegt in Schweinberg. Die Ruine kann besucht und für einen weiten Blick in die Umgebung genutzt werden. Umfassende Informationen zur Hardheimer Geschichte und seiner Burgen bietet das Erfatal-Museum im Schüttbau neben der Oberen Burg.

Einkehr Hardheim

↑ Alleingelassen: der Hardheimer Turm
← Nur noch Außenmauern: Die Ruine der Burg Schweinberg

20 Das Johanniterhaus in Krautheim

Fensterschreier

Burg Krautheim, auf ein ortsansässiges Geschlecht zurückgehend, wurde Anfang des 13. Jahrhunderts auf dem Berg errichtet und spielte wohl in jenen Tagen eine bedeutende Rolle als kurzzeitiger Aufbewahrungsort der Reichskleinodien, woran die architektonische Pracht der Burgkapelle noch erinnert. Die von Krautheim waren hoch angesehen und gut vernetzt im fränkischen Adel, starben jedoch binnen Kurzem aus. Die mit ihnen verwandten von Eberstein aus Baden folgten ihnen nach, doch mussten sie überschuldet ihre fränkischen Besitztümer nach und nach verkaufen, sehr interessiert waren die Bischöfe von Mainz und Würzburg, wobei sich Ersterer auf Dauer durchsetzte. Krautheim wurde Mainzer Amts- bzw. später sogar Oberamtssitz.

Ort Krautheim, Hohenlohekreis (KÜN)

Charakteristik In Krautheim entstand ein Zitat, dessen Erfolg zumindest sehr unheimlich ist und auf immer mit dem Ort verbunden bleiben wird. Losgeworden ist man immerhin den frechen Hausgeist im Johanniterhaus.

Tipp Das Jagsttal bietet neben der Landschaft und der Stadt Krautheim zahlreiche weitere Sehenswürdigkeiten, darunter das barocke Kloster Schöntal und natürlich das Götzenschloss in Jagsthausen.

Einkehr In Krautheim

Dies ist die Vorgeschichte zu dem berühmten Ereignis. Auf der Burg saß nun der Mainzer Amtmann, 1516 war das Marx Stumpf von Schweinberg. Dieser hatte sich mit einem Ritter der Gegend herumzuplagen, der allgemein als Querulant, Raubritter und fehdefreudiger Streithansl bekannt war. Sein Name: Götz von Berlichingen. Der war nämlich keineswegs der freiheitsliebende Stürmer und Dränger, als den ihn Goethe später verewigte, sondern eine eher unangenehme Figur, die ihre Nachbarn mit Raubzügen und ständigen Querelen überzog.

Und so hatte er in jenen Tagen eine Fehde mit dem Mainzer Bischof eröffnet. Dessen nächster Vertreter war der Krautheimer Amtmann und diesen versuchte Götz zu provozieren, indem er einige herrschaftliche Gebäude im Ort in Brand steckte. Marx Stumpf ging auf die Händel nicht ein und beschränkte sich auf sicher nicht wohlmeinende Zurufe aus dem Burgfenster. Dem entgegnete Götz seinen allseits bekannten Spruch, der im Original nur hieß, Marx Stumpf könne ihn »hinten lecken« und den Goethe in seinem Schauspiel mit dem entsprechenden Körperteil versah, der Version, die dann allgemeine Bekanntheit erlangte.

Im Ort aber gab es lange Zeit noch einen weiteren Fensterschreier, den Klingenbätscher. Er sah aus dem Fenster des Johanniterhauses heraus und verbreitete in Krautheim einige Furcht. Als sich schließlich ein mutiger Stadtbewohner des Hausgeistes annahm und diesen in eine Wasserbütte warf, um ihn davonzutragen, ging das gehörig schief. Die gut gefüllte Bütte war so schwer, dass er kurz pausieren musste. Er wollte den Klingenbätscher zu einer Rinne bringen, um ihn dort hineinzuwerfen, doch hatte der die Rast genutzt, um unbemerkt zu entkommen. Als der Mann in den Ort zurückkam, saß der Geist bereits wieder in seinem Fenster. Erst der zweite Versuch klappte, so sehr der Klingenbätscher auch um eine Pause bat. Diesmal verschwand er in der Rinne.

Das Gewässer, in die der junge Krautheimer den Klingenbätscher schließlich doch noch erfolgreich hineinwerfen konnte, dürfte jenes Naturdenkmal außerhalb des Ortes gewesen sein, das sich heute direkt an der Landstraße nach Klepsau befindet. Diese »Steinerne Rinne«, ein typisches Phänomen kalkhaltiger Gegenden, in der Bachläufe durch Versinterung nach oben wachsen, hat einen, man möchte fast sagen, dann wiederum sehr gut zu Krautheim passenden Namen, denn nun fällt das berühmte Wort schließlich doch noch. Sie heißt Kuharsch.

↑ Als Statue in Krautheim: Götz von Berlichingen
← Burg Krautheim

↑ Die steinerne Rinne oder auch »Kuharsch«

21 Niklashausen

Aufruhr im Namen der Gottesmutter

Wie hatte es nur soweit kommen können? Noch vor wenigen Tagen hatten Zehntausende andächtig Hans Böhms Worten gelauscht, waren begeistert von seinen Predigten und bereit, ihm überallhin zu folgen. Heute stand er festgebunden auf einem Scheiterhaufen vor Würzburg, allein, zwei seiner Anhänger hatte man als Aufrührer bereits enthauptet, ihn, der als gefährlicher Ketzer galt, erwartete dagegen die Höchststrafe, der Verbrennungstod. Furcht machte sich jedoch nicht nur bei ihm breit, auch in der Menge, die respektvoll Abstand hielt, herrschte größte Anspannung. Sympathisanten Böhms erwarteten ebenso wie manch einer seiner Gegner ein Eingreifen der Gottesmutter, die einen mit Hoffnung, die anderen mit Bangen. Nichts geschah. Böhm sang verzweifelt einige Marienlieder, doch als ihn die Flammen erreichten, verfiel er in ein bitteres Jammern und verstarb. Es war der 19. Juli 1476.

Irgendwann im Frühjahr des gleichen Jahres war Hans Böhm in Niklashausen, einem eher unscheinbaren Dorf im Taubertal, ebenso urplötzlich wie rasant zum Volkshelden aufgestiegen. Es war nicht so, dass man ihn nicht kannte. Böhm stammte zwar aus dem würzburgischen Helmstadt, diente aber in der Taubergegend schon seit Längerem als Hirte der Grafen von Wertheim. Dementsprechend kam er in der Region herum, das war Teil des Berufes, der gerade deshalb nicht sonderlich angesehen war. Als jemand, der ein Vagabundenleben zu führen hatte, stand er in der sozialen Hierarchie des Spätmittelalters weit unten. Die schlechte Bezahlung verstärkte dies nur noch. Der Verdienst als Hirte reichte zum Leben nicht aus, Böhm spielte als Pfeifer oder Pauker zudem bei örtlichen Festen auf, war im Nebenberuf ein von Dorf zu Dorf ziehender Laienmusiker, was ebenfalls als wenig solide galt.

Doch eines Tages trat Böhm mitten in die erstaunte Menge, vielleicht aus Anlass eines Kirchenfestes, bei dem er aufgespielt hat, zerstörte öffentlich seine Instrumente und rief zur Umkehr und Buße auf – wie es ihm die Gottesmutter Maria in einer Vision befohlen hatte. Die Menschen in Niklashausen, die ihn ja mehr oder weniger gut kannten, taten den unerwarteten Propheten keineswegs als Spinner ab, im Gegenteil, er, der arme Hirte, schien ihnen offensichtlich besonders glaubwürdig. Niklashausen war zudem ein kleiner lokaler Wallfahrtsort, warum sollte sich die göttliche Jungfrau nicht gerade hier an jemanden gewandt haben? Böhm erregte in jedem Fall mit seinem Tun und Reden höchste Aufmerksamkeit.

Der Ortspfarrer widersprach ihm nicht, im Gegenteil, im Laufe der Ereignisse bleibt er eine blasse Figur, die Böhm sogar zu unterstützen schien. Dass hier ein Laie – was natürlich streng verboten war – predigte,

↑ Der Pfeifer und Pauker von Niklashausen
← Das Museum in Niklashausen

störte ihn offenbar ebenso wenig wie einen zweiten kirchlichen Würdenträger vor Ort, einen Waldbruder, der in einer nahen Höhlenklause lebte. Böhm sprach von der

Ort Niklashausen, Main-Tauber-Kreis (TBB)

Charakteristik Urplötzlich wurde Niklashausen im Jahr 1476 zum Mittelpunkt einer religiösen Bewegung unter Führung des einfachen Hirten Hans Böhm. Sie fand ein blutiges Ende.

Tipp Bronnbach und Uissigheim sind nur wenige Kilometer entfernt, lohnenswert ist auch ein Besuch der Jakobskirche von Urphar mit ihren mittelalterlichen Fresken.

Einkehr Niklashausen und Werbach

↑ Das bittere Ende des Pfeifers
→ Bronnbach (siehe auch Kapitel 16)

Besinnung auf die Wurzeln der Kirche, von der Rückkehr zur Einfachheit, von der Liebe Gottes zu den Armen und Geringen. Maria werde das Heil bringen – aber nur hier in Niklashausen. Die Menge lauschte und wurde täglich größer, Pilgerströme setzten ein, erst aus dem Umland, dann aus ganz Franken, Schwaben, der Pfalz, Hessen, Thüringen. Es wurden binnen Kurzem Tausende.

Natürlich wurden auch die Obrigkeiten bald aufmerksam. Die Zuständigkeiten waren schwierig. Kirchlich gehörte Niklashausen zu Mainz, Böhm war aber würzburgischer Untertan, Niklashausen wiederum lag auf dem Territorium des Grafen von Wertheim, der aber kaum reagierte: Religiöse Streitigkeiten waren etwas für Bischöfe. Das war reichlich kurz gedacht, denn die Predigten Böhms wurden zunehmend radikaler, nun forderte er auch zum Kampf gegen den Adel und Geistliche auf, die sollten arbeiten wie jeder andere auch, den Kaiser bezeichnete er gar als Bösewicht. Der Würzburger Bischof nahm die Sache in die Hand. Er schickte Spitzel nach Niklashausen, die genau aufzeichnen sollten, was der Pfeifer von sich gab. Die Protokolle waren erschreckend, Handeln dringend notwendig.

Hans Böhm ahnte, dass sich etwas zusammenbraute. Die Masse an Menschen war immer größer geworden, Wunder wurden ihm nachgesagt, aber auch Gerüchte über Würzburger Gegenmaßnahmen drangen ins Taubertal. Er rief seine Anhänger am 7. Juli auf, sich zu bewaffnen. Doch sie konnten nicht verhindern, dass ein Reitertrupp des Bischofs überfallartig in Niklashausen einbrach, Hans Böhm verschleppte und nach Würzburg brachte. Seine Anhänger waren ratlos. Was tun? Manche gingen enttäuscht nach Hause, aber einige Tausend zogen nun nach Würzburg, um ihr Idol zu befreien. Sie scheiterten kläglich. Nach unfruchtbaren Verhandlungen und einigem Zögern ließ der Bischof auf die Aufrührer feuern, letzte Reste der fanatischsten Böhm-Unterstützer wurden in Waldbüttelbrunn niedergemetzelt.

Hans Böhm war das Hauptopfer der »Niklashauser Fahrt«. Einige Unterstützer aus dem Adel wurden noch sanktioniert, ansonsten die Erinnerung an die Ereignisse möglichst schnell getilgt. Die Kirche in Niklashausen ließ man schließen und kurz darauf fast komplett neu erbauen. Ein kleines Museum im Ort erzählt heute die Geschichte des Pfeifers oder Paukers von Niklashausen, auch die angebliche Höhle des Waldbruders wird noch gezeigt. Es war ein kurzer Sommer der Anarchie im Jahr 1476.

22 Löffelstelzen bei Bad Mergentheim

Giftmord am Fürstbischof?

Es war ein freundschaftlicher Höflichkeitsbesuch bei einem Bekannten und Kollegen, den der Würzburger Fürstbischof Johann Philipp Franz von Schönborn im August 1724 seinem geistlichen Nachbarn, dem Deutschmeister Pfalzgraf Franz Ludwig von Pfalz-Neuburg in Bad Mergentheim abstattete. Man sprach natürlich etwas über Politik, vereinbarte einen baldigen Gegenbesuch in Würzburg, ließ es sich aber ansonsten, ganz in barocker Genusstradition, vor allem bei gemeinsamer Jagd und einer festlichen Tafel gutgehen.

Gut ging es Johann Philipp Franz dann schon in der Nacht nicht mehr. Es war wohl alles etwas viel gewesen, der Bischof fühlte sich ziemlich unwohl, wollte jedoch trotzdem die Rückreise nach Würzburg nicht verschieben. Noch am Morgen des 18. August machte er sich mit seiner Entourage auf, doch man kam nicht allzu weit. Schon auf der Löffelstelzener Steige kurz hinter Mergentheim brach der Bischof zusammen. Man bettete ihn in den Schatten eines Baumes, ein begleitender Priester nahm ihm noch die Beichte ab, doch der herbeigeeilte Leibarzt des Deutschmeisters konnte schließlich nur noch seinen Tod konstatieren. An der Stelle wurde später ein Denkmal errichtet.

Nach nur fünf Jahren Amtszeit stirbt der 51-jährige Fürstbischof von Würzburg unerwartet und schnell nach einem Abendessen? Natürlich tauchten Gerüchte auf. War Johann Philipp Franz etwa vergiftet worden? Hatte dazu jemand Grund? Jemand? Viele. Heute genießt der Sprössling der berühmten Schönbornfamilie einen guten Ruf als Initiator der Würzburger Residenz – immerhin Weltkulturerbe – und der Schönbornkapelle am Dom. Aber zu Lebzeiten war er alles andere als beliebt.

Dies begann schon in der Familie. Sein Onkel Lothar Franz, Familienoberhaupt und Bischof von Bamberg und Mainz, hielt wenig von seinem Neffen, hätte lieber dessen Bruder Friedrich Karl auf dem Bischofssitz gesehen. Das Domkapitel, besetzt mit hohen Adligen, war in Daueropposition zum Bischof. Legendär ist der Streit mit Domdechant Christoph Franz von Hutten, gegenseitige Drohungen waren Alltag. Und auch das Volk hatte wenig übrig für seinen Herren, dessen Tod Überraschung, aber »keine grose Traurigkeit« auslöste, zu sehr war man mit den Schulden und der Fronarbeit für die üppigen Bauten belastet. Anzeichen für einen Giftmord bestätigten sich gleichwohl nicht, wie eine Obduktion ergab. Das Gerücht jedoch verstummte nie.

Ort Löffelstelzen, Main-Tauber-Kreis (TBB)

Charakteristik Ein barockes Kleindenkmal erinnert an die Stelle, an der ein Würzburger Fürstbischof überraschend tot zusammenbrach. Mordgerüchte blieben nicht aus.

Tipp Die Residenz des Hoch- und Deutschmeisters Bad Mergentheim ist ein Highlight und war über Jahrhunderte ein bedeutendes Machtzentrum. Vielen Bauten vom Mittelalter bis ins Barock ist dies noch immer anzusehen.

Einkehr Bad Mergentheim

↑ War Mergentheim Schauplatz eines Giftmordes?
← Residenzschloss Mergentheim

23 Die Sigismundkapelle in Oberwittighausen

Achteckige Riesen-Rätsel

Außergewöhnliches erfordert außergewöhnliche Erklärungen, noch dazu, wenn man hierfür handfeste Beweise hat: So erschien es den Menschen des Taubertals nicht unwahrscheinlich, dass es ein Riese war, der die seltsamen Kapellen gebaut hatte, die jeweils nicht weit voneinander entfernt, in sonst eher unauffälligen Orten ihr Staunen erregten. Von Tauberbischofsheim aus warf er einen Hammer, der in Gaurettersheim, in Oberwittighausen und zuletzt in Grünsfeldhausen landete. Es gibt sogar einen Beleg für die Existenz des übergroßen Architekten: Noch heute wird in Gaurettersheim eine Rippe des Mannes gezeigt. Sie ist stolze 2,12 Meter lang, kann also nicht von einem »normalen« Menschenwesen stammen. Tut sie auch nicht: Es ist die Rippe eines Mammuts.

Leider ist sie nur eines der wenigen Erinnerungsstücke an die Gaurettersheimer Achteckkapelle, die 1847 durch einen Neubau ersetzt wurde. Ein noch bittereres Schicksal drohte ihrer »Kollegin« in Oberwittighausen, dort drängte zu Beginn des 19. Jahrhunderts die neue badische Regierung auf Abbruch des »überflüssigen« Gotteshauses. Sie wurde bereits als zukünftiges

Baumaterial versteigert, Bauern aus der Ortschaft erwarben die Kapelle – mit dem Hintergedanken, sie dadurch bewahren zu können. Mit Erfolg: Die Gemeinde übernahm den Sakralbau, die Regierung erklärte sich schließlich mit dem Erhalt einverstanden.

Oberhalb des Dorfes liegt sie, schon zwischen den ersten Äckern und Wiesen, umgeben von einer rustikalen Feldsteinmauer. Sie ist zwar ein Achteck, aber wer den Grundriss studiert, sieht, dass der Erbauer nicht unbedingt mit dem Lineal gearbeitet hat. Eine der acht Seiten stülpt sich als Chor aus. Man braucht keinen Riesen als zusätzliches Mysterium, der Bau ist an sich schon geheimnisvoll genug. Und nicht nur für den die Schönheit der Architektur bewundernden Laien, sondern auch für die Fachmänner aus Kunstgeschichte und Geschichtswissenschaft. Wie kam es zu der auffälligen Häufung der drei ähnlichen Oktogonkapellen ausgerechnet hier in der ja doch etwas abgelegenen Taubergegend?

↑ Schlecht zusammengesetzt: das romanische Portal
← Oktogonkapelle Oberwittighausen

Noch dazu, da mit St. Ulrich in Standorf ein zwar etwas anders gearteter, aber doch auch wieder verwandter Kirchenbau aus vermutlich gleicher Zeit in der Nähe zu finden ist.

Der Deutungen sind viele. Als Entstehungszeitraum werden die ersten Jahrzehnte des 13. Jahrhunderts angenommen. Vermutet wird eine Inspiration des sonst für die Gegend ungewöhnlichen Formats durch heimgekehrte Kreuzfahrer und Jerusalempilger aus dem örtlichen Adel. Sowohl das Heilige Grab in Jerusalem als auch andere »morgenländische« Bauten sollen als Vorbild gedient haben. Die Standorte könnten bereits vorhandene frühere Heiligtümer bestimmt haben, oft in Verbindung mit einer Quelle.

Eine solche hatte es wohl auch in Oberwittighausen gegeben. Als der Leichnam des heiligen Sigismund durch die Region nach Prag transportiert wurde und die Begleittruppe angeblich vor Ort Station machte, änderte sich das Patrozinium. Die Kapelle war in der Folge lange beliebter Wallfahrtsort, auch für Pilger aus Böhmen. Ihre größte Besonderheit und zugleich das Rätsel, an dem sich alle Kunsthistoriker und sonstigen Deuter die Zähne ausbeißen, ist das prächtige romanische Portal. Vielleicht ist es ja doch der wilden Fantasie eines Riesen entsprungen?

Ort Oberwittighausen, Main-Tauber-Kreis (TBB)

Charakteristik Wer, wann, wie, warum? Alle Fragen zu den geheimnisvollen und rätselhaften Achteckkapellen des Taubertals sind einigermaßen unbeantwortet.

Tipp Natürlich darf die dritte im Bunde nicht fehlen. Die tief in den Boden eingesunkene Achatiuskapelle in Grünsfeldhausen besteht sogar aus einem Dreifach-Achteck. Auch sie leistet ihren Beitrag zum Rätselraten über die Tauber-Oktogone.

Einkehr Wittighausen

24 Schwäbisch Hall

Der Haalgeist

Im Jahr 1939 stieß man bei den Bauarbeiten zur neuen Sparkasse in Schwäbisch Hall auf die Überreste einer keltischen Siedlung, genauer: die Zeugnisse der ersten nachweisbaren Salzgewinnung in Hall. Schon von 500 v. Chr. bis ca. 250 v. Chr. hatte hier eine Saline existiert, die eine örtliche Solequelle nutzte. Neben dem Heller, einer mittelalterlichen Münze, und – viel, viel später – einer Bausparkasse war Salz das bekannteste Produkt aus der alten Reichsstadt im schwäbisch-fränkischen Grenzgebiet, wie der Name, analog zu Hallstadt, Bad Reichenhall oder Hall in Tirol, bereits verrät.

An die Salzförderung innerhalb der Stadt erinnert heute der Haalbrunnen am Haalplatz. Das Wort, hier mit langgezogenem »A«, bedeutet nichts anderes als Saline – und eben jene befand sich über Jahrhunderte direkt hier am Kocher, sie überstand sogar den verheerenden Stadtbrand von 1728, der die Holzbauten zerstörte. Nach dem Wiederaufbau wurde sie noch bis 1842 betrieben, danach wurden die Anlagen größtenteils abgebaut.

Die Salzsieder waren folglich eine für Schwäbisch Hall ebenso wichtige wie charakteristische Handwerkergruppe. Aus den Berichten über sie kann man herauslesen, dass sie sich ihrer Bedeutung für die Stadt und ihrer Rolle als Wohlstandsgaranten durchaus bewusst waren, galten sie doch als extrem spottlustig. Angeblich wären sie nicht einmal davor zurückgeschreckt, den Herrn Jesus Christus höchstpersönlich, wäre er zufällig vorbeimarschiert, mit Spott und Beleidigungen zu überziehen. Diese sprachlichen Freiheiten waren womöglich auch ein Trost dafür, dass die Salzsieder zwar für das Prestige und die Füllung des Stadtsäckels sorgten, selbst aber finanziell nicht unbedingt reichlich entlohnt wurden.

Es überrascht folglich kaum, dass der Haalgeist selbst auch ein verstorbener Salzsieder sein soll. Eines Nachts erschien er spät einem noch arbeitenden Kollegen in der Saline. Genauer genommen erschien nur ein Körperteil, denn der Handwerker entdeckte plötzlich eine sich durch einen Spalt in der Holzwand hereinschiebende lange Nase. Der Haalgeist fragte ihn (hier ins Hochdeutsche übertragen, obwohl das Gespenst als Einheimischer natürlich Dialekt sprach): »Ist das nicht eine Nase?« Der unerschrockene Salzsieder reagierte prompt und übergoss den Zinken mit heißer Salzlauge, begleitet von dem Satz: »Ist das nicht ein Guss?« Woraufhin der Haalgeist ihn am Genick packte, Schwung nahm und ihn über den Kocher bis zum Gänsberg beförderte mit den Worten: »Ist das nicht ein Wurf?«

Ort Schwäbisch Hall, Landkreis Schwäbisch Hall (SHA)

Charakteristik Das Haller Stadtgespenst, der Haalgeist, hat zwei Seiten: eine garstig dämonische und eine freundlich hilfreiche.

Tipp Schwäbisch Hall ist natürlich ohnehin eine Reise wert. Noch immer vorhanden und prominent in der Nähe der berühmten Treppe zur Michaelskirche platziert ist einer der sicher seltsamsten Pranger Deutschlands: eine filigran gestaltete gotische Säule mit Halseisen.

Einkehr Schwäbisch Hall

↑ Ganz in der Nähe der Michaelskirche treibt sich der Haalgeist herum.
← Das fränkische Schwäbisch Hall

Wie es dem Sieder bei der Landung erging, ist nicht überliefert, womöglich hatte er mehr Glück als ein Haller Nachtwächter, der den Haalgeist auf seiner Runde mit Spottnamen belegte und dafür von diesem im Kocher ertränkt wurde.

In solchen Episoden zeigt sich eher der dämonische Charakter des Haller Stadtgespenstes, auch in seinen Verwandlungskünsten; er war bisweilen in Tiergestalt unterwegs. Anders dagegen präsentierte er sich, wenn er sich mit den Worten »Doovele, räumt aus, es kummt a groß Wasser!« warnend an die Einwohner wandte – »Doovele« steht für David als beliebtem Haller Vornamen. Er kündigte damit ein Hochwasser des Kocher an und zeigte dadurch, wie weit er sich in die Stadt hinein begab und bis zu welcher Stelle das Wasser eindringen wird.

25 Uissigheim

König Armleder

Uissigheim taucht nicht unbedingt an prominenter Stelle in den Tourismusbroschüren des Taubertals auf. Der überschaubar große Ort liegt etwas abseits der Durchgangsstraßen und doch kann er mit etwas wohl Einmaligem aufwarten. Wer die örtliche Kirche besucht und die Augen langsam an das dämmrige Innere gewöhnt hat, dem wird das womöglich bemerkenswerteste, aber mit Sicherheit eindrucksvollste Grabmal der Region auffallen.

Früher zu einem Hochgrab gehörend, das später beschädigt wurde, steht die Grabplatte heute aufrecht an der Wand. Sie ist von hoher künstlerischer Qualität, wie sie in jener Zeit, der Mitte des 14. Jahrhunderts, ansonsten nur bei hohen Geistlichen oder Adligen zu finden ist. Erst wer genau hinblickt, erkennt ihre Seltsamkeiten, der langgelockte Ritter hat die Hände nicht etwa andächtig gefaltet, sondern sie sind mit einem Seil gefesselt. Am Hals liegt ein Schwert an, gerade im Moment des Durchtrennens. Bei der Zerstörung des Grabes war die dazugehörige Nebenfigur, die das Schwert hielt – ebenso wie die Füße und die Grabinschrift – abhandengekommen: ein Henker.

Wen also zeigt dieses recht schauerliche Grabmal – und welche Geschichte steckt dahinter? Abgebildet ist ein Angehöriger des örtlichen Adelsgeschlechtes, Arnold III. von Uissigheim, genannt der Jüngere, geboren wohl um 1290. Die Uissigheim waren niedriger Adel, der in Diensten größerer Fürsten der Umgebung stand, der Wertheimer Grafen, Würzburger oder Mainzer Bischöfe. Wir wissen nichts über Arnold, bis er 1332 in einer Wertheimer Urkunde auftaucht: Er wurde des Landes verwiesen und die gesamte Familie von Uissigheim bürgte nun dafür, dass er die nächsten zehn Jahre im Umkreis von 40 Meilen nicht mehr auftauchen durfte. Es war die Strafe für eine Störung des Wertheimer Geleitschutzes, mit anderen Worten: Arnold hatte auf dem Gebiet des Grafen jemanden überfallen, vermutlich einen Kaufmannszug.

Er war, schlichter ausgedrückt, zum Raubritter heruntergekommen, verschwand nun wohlweislich einige Zeit und kehrte dann in umso schlimmeren Umständen wieder. Wie schon 1298, gut vierzig Jahre zuvor, war von Röttingen ausgehend eine hysterisch inszenierte Judenjagd ausgebrochen. An der Spitze der durch die Region ziehenden Meuten, die in die Städte einfielen, um die dortigen Judengemeinden brutal auszulöschen, stand ein Anführer mit dem seltsamen Namen Rintfleisch, der erst nach etlichen Monaten gestoppt werden konnte, da die Fürsten der Gegend nur zögerlich handelten.

Und nun, 1336, war es niemand anderes als Arnold von Uissigheim, der die Bevölkerung, erneut in Röttingen beginnend, zum Judenhass aufstachelte. Wieder zog man von Stadt zu Stadt, erst durch das Taubertal, dann weiter ins heutige Mittel- und Unterfranken, eine blutige Spur hinterlassend. Manche Orte leisteten Widerstand, andere wurden von der eigenen Bevölkerung den Horden Arnolds ausgeliefert. Dieser wurde von seinen Anhängern als »König Armleder« betitelt, nach einem Stück seiner Rüstung. Nach der Eroberung Kitzingens am Main, wo ihm die Einwohner begeistert gegen den Willen der Stadtväter die Tore geöffnet hatten, zog man in Richtung Würzburg. Dort wollten Bischof und Stadt nicht abwarten, sie zogen mit einem Heer Arnolds Truppe entgegen. Den Soldaten des Bischofs war es ein Leichtes, die Fanatiker zu besiegen und zu zerstreuen, Rädelsführer wurden festgenommen und getötet.

Doch Arnold entkam. Vorerst. Ausgerechnet in Röttingen, wo alles Unheil begann, wurde er schließlich entdeckt und an den Würzburger Bischof ausgeliefert. In Kitzingen wurde er auf dessen Geheiß hingerichtet – es ist der Moment, den der Grabstein zeigt. Doch damit hatte die schreckliche Geschichte leider nicht ihr Ende gefunden. Schon im folgenden Jahr schlossen sich erneut Gruppen zusammen, die im Namen »König Armleders« ihre jüdischen Mitmenschen mordend durch die Lande zogen, ihr Radius reichte nun noch weiter, über Franken hinaus bis Hessen, Schwaben und an den Niederrhein. Nachdem auch diese besiegt worden waren, tauchten Anführer, die sich »König Armleder« nannten, 1338 im Elsass auf, wo die Pogrome weitergingen. Tausende Juden waren in jenen drei Jahren umgekommen.

Der Grabstein für Arnold in Uissigheim aber war keineswegs als Mahnmal für dessen schändliche Taten oder Warnung vor Wiederholung gedacht. Im Gegenteil, örtliche Legenden verklärten ihn zum edlen Rächer, machten den Täter zum Opfer und zum verehrungswürdigen Pilgerziel. Obwohl dies von der Kirche offiziell nicht unterstützt wurde, brachen Wallfahrer zum Grab Arnolds auf, der zu einer Art Lokalheiligem aufstieg, man opferte kleine Gaben in den so genannten Arnoldskasten und hoffte auf Wunder durch die Fürsprache des Judenmörders oder Heilwirkung durch ein Stückchen seines Grabes. Erst im späten 18. Jahrhundert ging die Kirche schließlich schärfer gegen diese bizarren Bräuche vor, die von Geistlichen der Gegend und sicher auch von Verwandten Arnolds, den Uissigheim, bis zu deren Aussterben Mitte des 16. Jahrhunderts lange gefördert worden waren. Die Verehrung eines Massenmörders hatte ihr Ende gefunden.

↖ Kirche Uissigheim, Grabstätte Ritter Arnolds

Ort Uissigheim, Main-Tauber-Kreis (TBB)

Charakteristik Sicher einer der bizarrsten Grabsteine des gesamten Bundeslandes, zeigt er einen Mörder im Moment der Hinrichtung, der wie ein Heiliger verehrt wurde.

Tipp Bronnbach und Niklashausen – weitere Orte aus unserem Buch – sind nicht allzu fern. Tauberbischofsheim lädt zum historischen Stadtbummel ein.

Einkehr In Uissigheim gibt es Weingüter, ansonsten Einkehrmöglichkeiten in Külsheim.

26 Schloss Wachbach

Unedler Adel

In Wachbach bei Mergentheim lösten sich zahlreiche verschiedene adlige Ortsherrschaften ab, das eine Geschlecht ging, ein neues übernahm den Anteil. Darunter waren irgendwann die Rüdt von Collenberg, die schließlich in die Burg einzogen. Ihnen erging es allerdings wie vielen Angehörigen des Ritteradels, ihr Ansehen und ihr Einfluss schwanden rapide dahin, die neuen Kräfte im Reich waren die Fürsten und Städte, die ihre Macht und ihre Territorien auch auf Kosten der oft ins finanzielle Schludern geratenen kleinen Adligen ausbauten. Nicht wenige Ritter reagierten darauf ziemlich hilflos, nämlich mit Gewalt. Sie überzogen die Fürsten und Städte mit Fehden. Nichtige Anlässe oder künstlich erzeugte Vorfälle dienten ihnen als Vorwand für die Eröffnung von Kleinkriegen, die zumeist nichts anderes als schlecht verschleierte Raubzüge darstellten. Es war die Zeit der »Placker«, der Raubritter.

Vermutlich gibt es wenige Figuren der Geschichte, auf die das Wort berüchtigt so gut passt wie auf Thomas von Absberg, der das Raubritterwesen geradezu perfektionierte. Mehr und mehr ging er dazu über, reiche Kaufleute aus den Städten zu überfallen, gefangen zu nehmen und für diese Lösegeld zu erpressen. Vom Taubertal bis ins Fichtelgebirge hatte er seine Unterstützer, Adlige teils durchaus mit Renommée, die sich nicht scheuten, Geiseln sowie erpresstes und geraubtes Gut zu verstecken. Dass Thomas von Absberg alles andere als zimperliche Methoden anwandte, schreckte sie offenkundig nicht ab: War die Familie zahlungsunwillig oder kam es zu Verzögerungen, hackte er seinen Opfern gern auch mal eine Hand ab.

Ab 1523 machte sich der Schwäbische Bund auf, die fränkischen »Raubnester« nach und nach auszuheben und komplett zu zerstören. Im sogenannten Fränkischen Krieg, genaugenommen mehr ein Straffeldzug, wurden zahlreiche Burgen zerstört. Und damit sind wir wieder in Wachbach, denn auch die Rüdt von Collenberg hatten zu Absbergs Netzwerk gehört. Ihre Burg ging 1523 in Flammen auf. Den Rest besorgten 1525 die Bauern. Thomas von Absberg wurde übrigens nie gefasst, 1531 ermordete ihn ein Raubkumpane im Streit.

In Wachbach regierten ab dem 16. Jahrhundert die von Adelsheim und der Deutsche Orden. Im Gedächtnis der Nachwelt verblieb nicht ein Raubritter, sondern ein anderes bösartiges Subjekt aus dem Adel, das Villingertalfräule. Sie dürfte eine Schlossbewohnerin – 1592 wurde auf den Resten der Burg ein Neubau errichtet – gewesen sein, die als besonders geizig, garstig und grausam galt. Sie selbst lebte in Saus und Braus, hatte für ihre Untertanen aber buchstäblich wenig übrig. Sogar die Milch, die aus den herrschaftlichen Ställen an die arme Bevölkerung verkauft wurde, verdünnte sie noch mit Wasser.

Ort Wachbach, Main-Tauber-Kreis (TBB)

Charakteristik Ganz andere Geschichten als die von edlen Rittern und schönen Burgfräulein sind mit Schloss Wachbach verbunden.

Tipp Das Taubertal ist voll mit allem anderen als lieblichen Orten – nicht weit ist es zu anderen Orten aus diesem Buch: Löffelstelzen, die Achteckkapellen, Bronnbach, Uissigheim und Niklashausen.

Einkehr Wachbach und Bad Mergentheim

Als sie eines Tages mit ihrer prächtigen Kutsche durch das winterliche Villingertal fuhr, lag dort auf dem Weg ein alter Mann, der vor Entkräftung zusammengebrochen war. Der Kutscher wollte anhalten, wurde jedoch von seiner Herrin barsch mit den Worten »Fahr zu, fahr zu!« angeschnauzt. Da er nicht schnell genug reagierte, packte die Dame selbst die Zügel und fuhr, ohne zu zögern, mit der Kutsche über den Mann hinweg. Diese böse Tat konnte nicht ohne Folgen bleiben. Seit ihrem eigenen Tod ist das Villingertalfräule dazu verdammt, in zerlumpten schäbigen Kleidern durch das Tal zu laufen. Von ihrer Niedertracht hat sie jedoch nichts verloren. Sie liebt es, Wanderer in die Irre zu führen und Tiere und Menschen zu erschrecken, zwischen den Bäumen hört man oft ihren Ruf »Fahr zu, fahr zu!« im Wind säuseln.

↑ Die Achteckkapelle von Grünsfeldhausen (siehe auch Kapitel 23)
← Der Wachbach durchfließt auch heute noch den Ort.

27 Die Wallfahrtskirche Walldürn

Ein blutiges Versehen

Dürn – das »Wall« kam erst dazu, als der Ort zum Pilgerziel wurde, zu dem man »hinwallte« – ist ein sehr alter Ort im Odenwald, schon in karolingischer Zeit um 800 erwähnt, doch lag das Städtchen etwas im Abseits der großen Zeitläufte und nichts deutete darauf hin, dass sich dies irgendwann ändern würde. Natürlich gab es im Ort auch eine Kirche, dem heiligen Georg geweiht, und hier war es, wo an einem Tag des Jahres 1330 der Priester Heinrich Otto die Messe zelebrierte – da wir im Mittelalter sind, tat er dies vorne am Hochaltar mit dem Rücken zum anwesenden Kirchenvolk. In jedem Fall tat er es nicht sonderlich konzentriert, und so unterlief ihm ein Missgeschick: Er stieß nach der Wandlung versehentlich den Kelch um, dessen Inhalt – nun nicht mehr Wein, sondern das kostbare Blut Christi – sich über das Korporale, das Kelchtuch, ergoss. Doch es bildeten sich keine hässlichen Flecken, stattdessen zeichnete sich auf dem Stoff ein Bild ab: in der Mitte der Gekreuzigte, umgeben von elf Antlitzen des Herrn, sogenannte Veroniken, benannt nach dem Schweißtuch der heiligen Veronika.

Die Gottesdienstbesucher schienen nicht mitbekommen zu haben, was am Altar vor sich ging, Heinrich Otto war das Ganze jedenfalls extrem peinlich und er versteckte nach der Messe das Kelchtuch hinter einem Stein im Altar. Damit schien die ganze Angelegenheit vergessen. Doch als der Priester alt und schwer krank wurde, aber trotz seines Wunsches nach Ende der Qualen nicht zu sterben vermochte, gestand er die damaligen Vorgänge. Sofort wurde nach dem Tuch gesucht – und tatsächlich fand es sich an genannter Stelle im Altar. Otto konnte in Frieden heimgehen, aber das Korporale mit dem aus Blut gezeichneten Bild sorgte nun allgemein für Furore.

So die legendarische Überlieferung. Obwohl sie exakte Namen und Daten enthält, steht sie auf schwachen Füßen. Genau genommen werden wir erst 1445 durch eine päpstliche Bulle über Walldürn als Wallfahrtsort informiert. Daraus geht auch hervor, dass die Pilger schon seit einiger Zeit den Ort aufsuchten, es ist also nicht unmöglich, dass die Anfänge der Wallfahrt in das frühe 14. Jahrhundert fallen – aus jener Zeit stammen auch einige der ältesten Bauteile der bestehenden Kirche. Nach den Wirren des frühen 16. Jahrhunderts – Reformation, Bauernkrieg – begann erst zum Ende jenes Jahrhunderts hin dank der Gegenreformation und einem engagierten Pfarrer vor Ort ein neuer Aufschwung, der dann im Barockzeitalter so richtig an Fahrt aufnahm. Immer mehr Gläubige kamen, aus Franken, Hessen, ja sogar Thüringen, dem Rheinland und dem Elsass, die Wallfahrtszeit verlängerte sich auf mehrere Wochen. Eine größere, dem gewachsenen Anspruch angemessene Kirche wurde 1698 bis 1728 errichtet. Der Standort des Heilig-Blut-Altares mit der ihn umgebenden Blutkapelle wurde allerdings gewahrt und in den Neubau integriert.

Der Altar – im Nordturm untergebracht – stand damit nicht im Zentrum der Kirche, aber naturgemäß im Mittelpunkt. Das Werk von 1622/26 zeigte in geschlossenem Zustand die Entstehungslegende, geöffnet das originale Korporale – spätere Untersuchungen ergaben, dass es sich tatsächlich um einen mittelalterlichen Stoff handelt. Bei bestimmten Gelegenheiten durften die Gläubigen ihn sogar berühren. War dies nicht möglich, dann legte man die Hand wenigstens auf einen der Engelsköpfe des Altars – dementsprechend zeigen diese deutliche »Gebrauchsspuren«.

↑ Wallfahrtskirche Walldürn
← Walldürn

Ort Walldürn, Neckar-Odenwald-Kreis (MOS)

Charakteristik Der heute bekannteste Wallfahrtsort im Norden des Bundeslandes kann eine ganz eigene Gründungsgeschichte aufweisen. Buchstäblich ein Stoff, der noch immer fasziniert.

Tipp Wer noch nicht genug gewallfahrt ist, der kann zusätzlich das benachbarte Schneeberg aufsuchen – es liegt bereits auf der bayerisch-fränkischen Seite des Odenwalds und galt als Nebenwallfahrtsort auf dem Weg nach Walldürn.

Einkehr Walldürn

28 Burg und Stadt Weinsberg

Massaker am Ostersonntag

Wenig Glück hatten Stadt und Burg Weinsberg im Verlauf ihrer Geschichte. Auf die Burg wurden die Herren von Weinsberg gesetzt, ihnen gehörte auch die Hälfte des bald zur Stadt erhobenen Ortes. Die andere unterstand dem Kaiser, war also freie Reichsstadt. Keine sehr harmonische Konstruktion, ständige Konflikte waren vorprogrammiert. 1430 schien es endlich so weit, nach jahrhundertelangem zähem Ringen wurde das gesamte Weinsberg Reichsstadt. Für zehn Jahre. Dann fiel es an die Pfalz, später an Württemberg. Im Jahr 1525 war es unter österreichischer Regierung. Auf der Burg saß als Amtmann Graf Ludwig von Helfenstein. Er war zugleich Obervogt aller württembergischer Bauern.

In dieser Position hatte er sich durch seine Strenge äußerst unbeliebt gemacht, wenig wunderlich also, dass er nach Ausbruch des Bauernkriegs in Franken ein gesuchtes Ziel der Aufständischen wurde. Am Karfreitag, dem 4. April 1525 lagen gut

Ort Weinsberg, Landkreis Heilbronn (HN)

Charakteristik Am Blutsonntag zu Weinsberg kam es in Stadt und Burg zu einem Massaker, das den Verlauf des Bauernkrieges für immer verändern sollte.

Tipp Die Städtischen Museen im benachbarten Heilbronn, untergebracht in der historischen Deutschordenskommende, vereint die Geschichte der Region mit der Geologie und der Kunst. Ein Highlight!

Einkehr Weinsberg

6000 Bauern bei Neckarsulm. Graf Helfenstein hatte den Bauern von seiner Burg aus noch einmal gedroht und sie zur Auflösung ihres Heeres aufgefordert. Ein Grund mehr, »dass die Bauern bereits aus ihrem Lager aufgebrochen seien und es geheißen habe, dass sie bei den Weinsbergern die Ostereier holen wollen«, wie der Historiker Wilhelm Zimmermann berichtet.

Die Stadt Weinsberg war gut befestigt, für die Burg galt das nicht unbedingt. Sie war nach vorherigen Zerstörungen nicht vollends wiederaufgebaut worden. Die Besatzung war gering, nur gut 60 Mann standen Helfenstein zur Verfügung. Während die Oberschicht der Stadt loyal war, sympathisierten andere Bewohner wenn nicht mit den Bauern, so doch zumindest mit einer friedlichen Übergabe, um Zerstörungen zu vermeiden. Die Burg wurde relativ schnell eingenommen und kurz darauf in Brand gesteckt. Die Stadt verteidigte sich etwas zäher, aber auch hier hielten die Tore kaum zwei Stunden stand. Während die Bürger in ihren Häusern von den Bauern geschont wurden, gaben ihre Anführer öffentliche Gebäude zur Plünderung und die Adligen und Soldaten zur Jagd frei. Viele von ihnen wurden daraufhin verfolgt und getötet. Eine Anzahl der Verteidiger, darunter Graf Helfenstein, wurde gefangengenommen.

Ein spontanes Standgericht der Bauernführer entschied schließlich, Helfenstein und Kollegen durch die Spieße laufen zu lassen, eine besonders entehrende Form der Todesstrafe. Bedenken gemäßigter Stimmen wurden übergangen, auch die Bitten der Frau Helfensteins. Ihr Mann und die verbliebenen Adligen wurden hingerichtet. Die Tat ging unter vielen Namen in die Geschichte ein, als Blutsonntag oder Blutostern von Weinsberg, Blutrache der Bauern und ähnlichen Wortschöpfungen mehr.

↑ Als »Weibertreu« ist die Ruine bekannt.
← Blutige Geschichte: Ruine Weinsberg

Tatsächlich war sie ein geschichtlicher Wendepunkt. Sie war keineswegs repräsentativ für das Vorgehen der Bauern, aber im Weltbild der damaligen Zeit löste sie einen Schock aus: Adlige, die Bauern hinrichten, das war Alltag, aber Bauern, die Adlige zum Tod verurteilen, das war ein die Weltordnung erschütternder Skandal. Fast panikartig unterwarfen sich viele Blaublütige den Forderungen der Bauern. Doch die eigentlichen Folgen waren weitaus bedeutender. Fürsten und Adel sahen sich nun erst recht persönlich bedroht und gaben jegliche Zurückhaltung auf. Die brutale Niederschlagung des Aufstands wurde ihnen zur Pflicht, nicht zuletzt unterstützt von der unsäglichen Hetzschrift Martin Luthers »Wider die mörderischen Rotten der Bauern«. Weinsberg wurde vom Schwäbischen Bund erobert und hart bestraft: Größtenteils zerstört, ging es seiner Stadtrechte verlustig, die Ämter zogen ab. Für Jahrzehnte versank die geplagte Stadt in der Bedeutungslosigkeit.

29 Westgartshausen bei Crailsheim

Der grausame Vater

Die Herren von Lohr zählten im 12. und 13. Jahrhundert zu den wichtigen lokalen Herrschergeschlechtern, ihr Stammsitz war die gleichnamige Burg auf einer Anhöhe über dem Degenbachtal. Einer dieser Burgbewohner ist allerdings äußerst ungut im Gedächtnis geblieben, galt er doch als skrupellos, grausam, ausbeuterisch und jähzornig.

Er hatte einen Sohn, der nach der sanften und früh verstorbenen Mutter geraten war. Dieser traf eines Tages auf den Feldern bei Westgartshausen ein junges Mädchen, das ihm sofort gefiel, sodass er sich in der Folgezeit sehr um sie bemühte. Das Mädchen war aus gutem Grunde skeptisch. Nicht weil sie ihm gegenüber keine Gefühle gehabt hätte, aber ihr Verstand sagte ihr, dass eine Ehe zwischen einem einfachen Bauernmädchen und einem Adligen keine Zukunft haben würde.

Dem jungen Herrn lag tatsächlich viel an dem Mädchen und so wagte er es, vor seinen Vater zu treten und diesen um Erlaubnis zur Heirat zu bitten. Mit voraussehbarem Ergebnis: Der Alte beschimpfte seinen Sohn, der sich mit einer Bauerndirne abgebe und damit Schande über sein edles Geschlecht bringe. Er selbst werde sich sofort um die Angelegenheit kümmern. Er berief seinen treuen Knecht, einen Zwerg, herbei und ließ zwei Pferde satteln. Zurecht befürchtete der junge Herr Schlimmes. Er musste seine Braut vor seinem Vater und dessen Helfershelfer erreichen. Da er im Gegensatz zu den beiden wusste, wo sie für gewöhnlich arbeitete, traf er sie rechtzeitig bei Westgartshausen an. Er schilderte ihr die Gefahr und konnte sie schließlich dazu bringen, mit ihm zu fliehen.

Doch ihre beiden Verfolger hatten inzwischen im Dorf erfahren, wo das Mädchen bei der Feldarbeit zu finden war und waren den beiden bald auf den Fersen. Denn diese kamen nur schlecht voran, das Pferd trug schwer an der doppelten Last. Schon war Hufgetrappel hinter ihnen zu hören – und es dauerte nicht lange, da wurden sie eingeholt. Der Vater forderte seinen Sohn auf, das Mädchen zu übergeben und zog sein Schwert heraus, um nach ihr zu schlagen, doch der junge Herr riss in diesem Moment sein Pferd herum und wurde so von dem Ritter direkt ins Herz getroffen. Das nun schutzlos ausgelieferte Mädchen erstach der Knecht.

Burgherr oder nicht, ein Doppelmord war auch in jenen Tagen kein Kavaliersdelikt. Da sie weit entfernt von den Dörfern waren und Dunkelheit herrschte, begruben die beiden Täter unbemerkt ihre Opfer an Ort und Stelle. Doch die Eltern des Mädchens suchten nach der Vermissten und hatten den Ritter durchaus in Verdacht, kursierten doch landauf, landab Gerüchte über die nächtliche Mordaktion. Das bestätigte sich auf grausige Weise, als schließlich ein Bauer auf den Feldern auf das Grab des Paares stieß. Was tun? Die Untertanen kannten ihren brutalen Herrn. In einer Art stillem Protest begannen sie das Grab auf dem Acker bei Ingersheim mit Blumen zu schmücken. Das genügte, um den Zorn des Ritters hervorzurufen: Er werde jeden Bauern, der sich an diesen Ort begebe, auf der Stelle pfählen. Um das Ganze zu beenden, befahl er, die Leichen sollten ausgegraben und den wilden Tieren zum Fraß vorgeworfen werden.

Mit einigen Dienern von der Burg und seinem ständigen Begleiter, dem Zwerg, begab er sich zum Grab. Doch als man mit dem Ausheben beginnen wollte, setzte ein Gewitter ein, verbunden mit solch einem Höllenlärm, dass die Diener vor Angst das Weite suchten. Wutentbrannt griff der alte Herr selbst zum Spaten. Im gleichen Moment schlug ein gewaltiger Blitz an der Stelle ein – und als die Diener zurückkehrten, fanden sie nur noch die verkohlten Überreste ihres Herren und des Zwerges vor. Zur Ruhe kam der Ritter dadurch aber nicht. Auf ewig verdammt reitet er in besonders dunklen Nächten weiterhin zwischen Westgartshausen und dem Grab bei Ingersheim hin und her, begleitet von schwarzen Jaghunden und seinem Kumpan, dem zwergenhaften Diener.

↖ Die nahe Stadt Crailsheim

Ort Westgartshausen, Landkreis Schwäbisch Hall (SHA)

Charakteristik Eine besonders grausame und tragische Geschichte wird über die Herren von Lohr erzählt, deren Stammsitz, heute ein Burgstall, bei Westgartshausen liegt.

Tipp Der Weiler Lohr und das Dorf Westgartshausen gehören heute zu Crailsheim. Ein Besuch der früheren Kreisstadt dient der Erholung von der blutigen Rittergeschichte.

Einkehr Westgartshausen und Crailsheim

Sagenumwoben: der Blautopf in Blaubeuren

Württemberg und Hohenzollern

30 Der Kirchheimer Tunnel

Doderers Tatort

Am 25. Juli des Jahres 1921 lief in Erfurt um etwa halb fünf Uhr früh, wie täglich, der von Stuttgart kommende und nach Berlin bestimmte Nachtschnellzug ein. Bei der Revision fand sich ein Abteil zweiter Klasse im vorletzten Wagen des Zuges verschlossen. Der Schaffner öffnete mit dem Coupéschlüssel und erblickte darin die Leiche eines jungen Mädchens, deren Kopf eine furchtbar klaffende Verletzung zeigte. Alles war voll Blut […]. Zwischen den verkrampften Händen hielt die Tote eine leere Kassette oder Schachtel.«

Das Fenster des Abteils war geöffnet, die Leiche lag quer, es schien ein harter Kampf stattgefunden zu haben. Doch die Frau war allein gereist, von den anderen Fahrgästen hatte niemand etwas von einer Auseinandersetzung mitbekommen, Schreie oder seltsame Geräusche gehört. Die Tür musste von außen verschlossen worden sein, mit einem der erwähnten Coupéschlüssel, der an sich nur Bahnpersonal zustand, aber auch von dem ein oder anderen Fahrgast genutzt wurde. Tatsächlich konnte die Polizei noch vor Ort einen Mann aus demselben Wagen überführen, der anfangs verschwiegen hatte, dass er solch einen Schlüssel besaß. Aber nach längeren Verhören und Untersuchungen musste der Verdächtige entlassen werden, er hatte sich durch sein früheres Leugnen lediglich Scherereien ersparen wollen.

Ein typischer Raubmord also, denn die Schachtel, die das Opfer noch in Händen hielt, hatte wertvollen Schmuck enthalten. Doch von diesem tauchte nie mehr etwas auf, weder wurden im Abteil oder an der Strecke Teile gefunden, noch kam einer der Ohrringe, Ketten oder Ringe jemals über Hehler in den Handel. Die Behörden vermuteten, die Stücke seinen zerlegt, die Brillanten entfernt und das Metall eingeschmolzen worden. Sie gingen davon aus, dass der Mord irgendwo bei der Durchfahrt im Thüringer Wald geschehen war, wo die Strecke viele Tunnel durchläuft. Weiter kam man nicht, die Tat blieb unaufgeklärt.

Die Polizei irrte sich. Conrad Castiletz, der in die Industriellenfamilie Veik eingeheiratet hatte, erfuhr vom Schicksal seiner verstorbenen Schwägerin, das ihn fortan nicht mehr losließ. Er selbst war, damals noch ein junger Bursche von 15 Jahren, einst um diese Zeit mit dem Nachtzug von Stuttgart nach Heilbronn gefahren, hatte aber von der Tat im Nachhinein nichts erfahren, Zeitunglesen gehörte nicht zu seinen Interessen. Nun, über acht Jahre später, machte er sich heimlich auf die Suche nach dem Mörder der ihm unbekannten Louison Veik.

↑ Zur Zeit der Dampfzüge waren Tunneldurchfahrten laut und rauchig.
← Dunkler Ort: der Doppeltunnel von Kirchheim

Der Kirchheimer Tunnel wird noch immer durchfahren.

Denn schon früh hatte er einen Verdacht: Er erinnerte sich an einen Tunnel, der noch relativ am Anfang der Kursstrecke lag. Tatsächlich erkannte er diesen, als er die Fahrt noch einmal unternahm, recht schnell wieder. Er stieg an der nächsten Station aus, ging zurück und hatte noch mehr Glück:

Ort Kirchheim am Neckar, Landkreis Ludwigsburg (LB)

Charakteristik Der Kirchheimer Tunnel taucht urplötzlich auf der Strecke auf, wenn man schon glaubt, unaufhaltsam auf einen Berg zuzurasen. War er auch Schauplatz eines Mordes?

Tipp Ein Besuch, den jeder begehen sollte, muss natürlich der Hölderlinstadt Lauffen gelten. In ihrem schönen Altstadtkern am Neckar dürfen sich Literatur-, Wein- und Architekturliebhaber wohlfühlen.

Einkehr Kirchheim, Lauffen

Am Ausgang des Tunnels glitzerte im rußigen Gleisbett ein Ohrring – ein Teil des Schmucks der Ermordeten. Seine Theorie, Louison Veik sei hier getötet worden, hatte sich als richtig erwiesen.

Dampfeisenbahnen gibt es nicht mehr, doch wer heute mit einem der modernen Züge auf der Strecke Stuttgart–Heilbronn–Würzburg fährt, der kennt das Gefühl: »Ein breiter, goldener Rücken sperrte die Strecke, der bei geringerer Entfernung zur Wand aufwuchs: hoch vor dem blauen Himmel zackte das Weinlaub. Die Fahrt ging an einem Stationsgebäude brausend vorbei, geradewegs auf diese Wand los; und jetzt wurde unten an ihrem Fuße ein kleiner, schwarzer, rußiger Mund sichtbar.« Daran hat sich auch nach hundert Jahren nichts geändert.

Der Kirchheimer Tunnel, zwei sehr enge Röhren, durchbricht den Bergriegel,

An der Strecke: Lauffen am Neckar

der die Stadt Lauffen am Neckar umgibt. Bereits 1848 war die erste – die, von Süden aus, rechte – Röhre fertig, doch der Bedarf stieg und so wurde 1896 eine zweite, nahezu identische hinzugefügt. So rasen die Züge noch immer mehr als einen halben Kilometer aneinander vorbei. Verbunden sind die beiden engen Röhren durch einige Quergänge.

Der österreichische Schriftsteller Heimito von Doderer hatte das Bauwerk, das er von Reisen kannte, auch stammte ein Teil seiner Vorfahren aus Heilbronn, zum Schauplatz seines Romans mit dem großartigen Titel »Ein Mord, den jeder begeht« gewählt. Aus ihm stammt die geschilderte Tatortszene wie auch die wie aktuell wirkende Beschreibung der Tunneleinfahrt. Die Nachforschungen seiner Hauptfigur Castiletz gehen nach dem Fund des Schmuckstücks naturgemäß noch weiter, Doderer selbst hatte ausgiebig vor Ort recherchiert und die Neckargegend genau unter die Lupe genommen. Wie sein späterer Protagonist hatte er sogar die Erlaubnis bekommen, in Begleitung eines Streckenwärters durch den Tunnel zu laufen. Die Wiedergabe dieses Erlebnisses findet sich ebenfalls in dem Buch. Mitsamt der Schilderung der tödlichen Gefahren, die solch eine schmale Röhre für den Menschen birgt.

Castiletz kann den »Mord« aufklären. Das Ergebnis ist erschreckend und überraschend, er muss einsehen, dass er selbst schuldlos schuldig in die Tat verwickelt war. Wer den Roman gelesen hat, alles andere als ein typischer Krimi, sondern eine exakte psychologische Studie, dem wird die ohnehin immer wieder aufregende Fahrt auf die Hügelwand mit dem Kirchheimer Tunnel zu fortan noch viel unheimlicher vorkommen.

31 Der Blautopf in Blaubeuren

Verführerische Färbung

Tief und voll aus nie entdeckter Quelle / Strömt das Dasein frisch und jugendlich, / Jenes Dasein, gleich der blauen Welle, / Trägt den Himmel selbst in sich.« Wer sonst als Eduard Mörike sollte diese Zeilen geschrieben haben, der Dichter, der mit dem Blautopf so verbunden ist wie der Blautopf mit Blaubeuren. Mörike war fasziniert von dem Gewässer wie viele andere auch, aber er hatte zudem das Unheimliche des Blautopfs erspürt, das unter der funkelnden Oberfläche verborgen lag. Das erste Adjektiv wird meist weggelassen, doch Mörike nannte das Wasserwesen, das er in seiner Erzählung im Blautopf wohnen ließ, nicht zu Unrecht »die arge und schöne Lau«.

Die Geschichte – die von Mörike erfunden wurde, sprich nicht auf lokaler Sagentradition beruht – ist bekannt und sei darum nur kurz zusammengefasst. Die Lau wohnte ganz tief unten im Blautopf, sie war sehr, sehr hübsch, bis auf die Schwimmhäute zwischen ihren Zehen und Fingern, aber sie war auch recht launisch. Um sie sanft zu stimmen, da sie bei Verärgerung den Blautopf überlaufen und damit die Stadt überschwemmen ließ, warfen ihr die Blaubeurer Geschenke ins Wasser – was wiederum die Mönche des benachbarten

Klosters verärgerte, die solch heidnische Gebräuche ablehnten. Sie waren es allerdings auch, die beruhigend auf die Lau wirkten, ohne dies zu wissen, denn die Wasserfrau lauschte gern heimlich dem Orgelspiel aus der Abteikirche.

Dass die Lau nicht immer bester Stimmung war, kann man nachvollziehen, war sie doch in den Blautopf verbannt, weil sie ihrem Gemahl, einem mächtigen Wassermann aus dem Donaudelta des Schwarzen Meeres, bislang nur tote Kinder geboren hatte. Grund war ihr melancholisches Wesen, heute würde man wohl Depressionen diagnostizieren. Das Gegenmittel wäre ein fünfmaliges herzhaftes Lachen, aber Wasserfrauen sind an sich zum Lachen nicht fähig. Doch die Lau hörte nicht nur dem Orgelspiel zu, sie lauschte auch den fröhlichen Gästen des benachbarten Nonnenhofes, einer Wirtschaft. Über einen mit dem Blautopf verbundenen Brunnen fand sie dort Zugang und wurde bald Teil der Gesellschaft, die sie nach und nach zum Lachen brachte. Nach dem fünften Mal stiegen plötzlich die Wasser des Blautopfs – der Ehegatte kam, um seine erlöste Frau zu holen. Die Lau verließ den Blautopf Richtung Heimat, versprach aber, zu Besuchen wiederzukehren und sich dann aus alter Verbundenheit bemerkbar zu machen.

Geht es nach der traditionellen Sage, dann muss da unten im Blautopf – ein ziemliches Gedränge herrschen. Denn diese weiß, dass dort ein schöner Jüngling wohnt, der einst der Tochter des Tübinger Pfalzgrafen – im Mittelalter Besitzer der Stadt Blaubeuren – Berta auffiel, als sie an dem hier existierenden See saß. Als sie auf einem Fest, bei dem auf der benachbarten Burg alles versammelt war, was Rang und Namen und vor allem junge Söhne hatte, ihren zukünftigen Bräutigam wählen sollte, aber sie das

↑ Der Klosterbrunnen von Blaubeuren
← Die blaue Lagune Württembergs

Bild des Wasserwesens nicht vergessen, somit zu keiner Entscheidung kommen konnte, tauchte plötzlich besagter Jüngling höchstpersönlich auf. Berta folgte ihm und wurde nie mehr gesehen. Die Burg aber ging in Flammen auf und der große See zog sich zum Blautopf zusammen. Untröstlich über

Ort Blaubeuren, Alb-Donau-Kreis (UL)

Charakteristik Der Blautopf mit seiner Färbung und scheinbar unergründlichen Tiefe hat schon immer die Fantasie der Menschen angeregt. Durchaus mit Recht waren und sind sie von ihm fasziniert und beunruhigt zugleich.

Tipp Neben der Stadt selbst ist das benachbarte Kloster natürlich Pflicht. Das Urgeschichtliche Museum stellt zahlreiche Funde aus den Höhlen der Schwäbischen Alb vor, darunter Stücke von Weltrang.

Einkehr Blaubeuren

Der Blautopf - ein trügerisches Idyll

den Verlust seiner Tochter stiftete der Pfalzgraf das Kloster, vor dessen Altar er schließlich betend verstarb.

Und dann war da noch der Zauberstein, den zwei Brüder am Blautopf fanden. Während der eine das funkelnde Gestein aufhob, war er plötzlich verschwunden. Er wunderte sich, dass sein neben ihm stehender Bruder erschrocken nach ihm rief. Als er ihm antwortete und schließlich den Stein übergab, woraufhin dieses Mal der Bruder verschwand, war ihnen klar, dass sie ein geheimnisvolles Artefakt gefunden hatten, das unsichtbar machte. Welche Möglichkeiten würden sich dadurch ergeben! Immer und überall konnte man ungesehen herumlaufen, jeden Winkel unbemerkt erkunden. Und damit allerlei Schabernack treiben. Aber würde man gleichzeitig, geriete der Stein in falsche Hände, womöglich nicht auch zu Unheil und Verbrechen anstiften? Die Bedenken der Brüder überwogen und so warfen sie den Zauberstein in den Blautopf – wo er, so sagt man, noch heute liegt.

Die Taucher, die den Grund des Blautopfs untersuchten, haben ihn noch nicht

gefunden, aber ihr Augenmerk galt wohl auch eher der faszinierenden Unterwasserwelt. Der Blautopf selbst ist gut 21 Meter tief, seine Färbung, die tatsächlich mit bloßem Auge sichtbar ist und seinem Namen wie auch seiner Bezeichnung als schönste Quelle Deutschlands alle Ehre macht, dieser bläulich-türkise Schimmer geht wohl auf den starken Kalkgehalt des Wassers und den Lichteinfall an der Oberfläche zurück. Das zugleich Schöne und Arge des Blautopfs zeigt sich auch hier: So wunderschön das Wasser sich dem Auge präsentiert, so ungenießbar ist es – als Trinkwasserquelle ist der Blautopf völlig ungeeignet.

Das Faszinierende und Erschreckende der geheimnisvollen Quelle zeigt sich denn auch noch einmal tief unter der Oberfläche. Dort wurden zwar bislang keine schönen Jünglinge oder Wasserfrauen entdeckt, aber ein riesiges Höhlensystem. Sage und schreibe an die 7000 Meter konnten bereits erkundet werden. Doch der Preis der Entdeckung der verborgenen Naturschönheiten war hoch: immer wieder kam es zu tödlichen Tauchunfällen.

32 Das Mordloch bei Eybach

In den Tiefen verschwunden

Im Jahr 1977 schien es einmal wieder soweit, das Mordloch im Roggental bei der kleinen Ortschaft Eybach drohte seinem grausamen Namen gerecht zu werden. Vier Höhlenforscher waren durch plötzlich auftretendes Hochwasser in der Höhle eingeschlossen worden, eine dramatische Rettungsaktion setzte ein. Von den Medien und der bangenden Bevölkerung begleitet, gelang letztlich nach drei Tagen die glückliche Bergung der Männer, aber das Mordloch hatte einmal mehr seinen Ruf bestätigt, es war ein Ort, den man meiden sollte.

Die Gefährlichkeit der Höhle, die durch die Ereignisse wieder einmal in Erinnerung gerufen wurde, kommt daher, dass sie wasserführend ist. An sich liegt sie recht idyllisch im Roggental, zwei Mühlen werden von dem Bächlein angetrieben, das ihr entströmt, aber ihr verführerischer Eingang verschleiert die Tücken des dahinterliegenden, sehr weitreichenden Höhlensystems. Mehr als 4 Kilometer Erstreckung sind bereits nachgewiesen, doch die Füllung mit Wasser macht die Erkundung zu einer Angelegenheit nur für absolute Profis.

Der Bevölkerung der Umgebung dagegen war das Mordloch wohl schon immer unheimlich. Der ihm verliehene, nicht gerade touristisch verlockende Name geht auf eine Geschichte zurück, nach der einige Wilderer den Schlossförster von Eybach, der ihnen wohl auf den Fersen war, erschossen und dessen Leiche kurzerhand im Mordloch versteckten. Derjenige von ihnen, der den Schuss abgegeben hatte, konnte mit der Schuld nicht leben und stürzte sich schließlich vom Ravenstein ins Tal hinab. Im Sterben bekannte er seine Tat. Da die Höhle ohnehin als Versteck von Räubern und Vaganten galt, wurde sie seither noch mehr gemieden.

Eine zweite Sage, die sich zwar nicht explizit auf das Mordloch, sondern allgemein eine Höhle im Roggental bezieht, berichtet von jugendlichen Schatzsuchern, die dort mögliche Beute vermuteten. Einen kleinen Waisenbuben, der sich ihnen anschließen wollte und den sie anfangs zurückgewiesen hatten, schickten sie schließlich aufgrund seiner geringen Größe vor. Tatsächlich stieß dieser zu seiner Verblüffung in der Tiefe auf ein schönes Fräulein, das dem armen Burschen als Belohnung für seinen Mut an sich wertlose Spreu überreichte, die er dankbar mitnahm. An der Oberfläche verwandelte sich diese zu reinem Gold, worauf der Anführer der Burschen sich von der Gier getrieben schnell in die Höhle abseilen ließ. Als sich lange nichts mehr rührte, zogen seine Freunde ihn wieder hoch – doch am Seilende hing nur ein abgetrennter Ziegenfuß. Der Junge blieb verschwunden.

Ort Mordloch bei Eybach, Landkreis Göppingen (GP)

Charakteristik Der Name verrät bereits, dass es mit dieser Höhle der Schwäbischen Alb nichts Gutes auf sich hat. Nicht nur in Sagen bestätigt sie ihren zweifelhaften Ruf.

Tipp Schloss Eybach ist ein Spätbarockbau, im Ort lohnt die gotische Kirche den Besuch. Das Dorf gehört heute zur Stadt Geislingen, zu der es folglich nicht allzu weit ist.

Einkehr Obere Roggenmühle (nahe beim Mordloch) und in Eybach

↑ Eybach liegt eingebettet ins scheinbar friedliche Tal.
← Auch für Mörder ist die Höhle ein gefährlicher Ort.

33 Schloss Großsachsenheim

Der Entenwick

Wenn die Sachsenheimer auf ihr Rathaus gehen, dann beschleicht sie womöglich jedes Mal ein mulmiges Gefühl. Jedoch nicht, weil sie bürokratische Verwicklungen oder lange Wartezeiten in Amtsstuben fürchten, sondern weil dort jemand auf der Brücke schon auf sie wartet. Dabei ist das Sachsenheimer Rathaus vielleicht das schönste im ganzen Landkreis, befindet es sich doch seit 1952 im örtlichen Schloss. Und das ist wahrlich schmuck anzusehen und nicht nur für Architekturfreunde eine staunenswerte Besonderheit. Denn das im Jahr 1544 errichtete Gebäude weist den Grundriss eines fast regelmäßigen Zwölfecks auf. Formen der Spätgotik und der Frührenaissance haben sich zu einem stattlichen Hingucker vereint. Warum also nicht gerne dorthin gehen?

Ort Sachsenheim, Landkreis Ludwigsburg (LB)

Charakteristik Wer wie das Schloss Großsachsenheim einen zwar äußerst hässlichen, aber gutmütigen diensteifrigen Hausgeist hat, der sollte ihn hegen und pflegen – und keineswegs vertreiben. Das hat böse Folgen.

Tipp Eine besonders sehenswerte Stadt mit wunderbarem Altstadtkern, angereichert mit vielen Sehenswürdigkeiten ist das benachbarte Bönigheim. Dort hatten, bevor sie den Entenwick verärgerten, auch die von Sachsenheim Besitz.

Einkehr Sachsenheim

Der Grund ist selbst Ortsfremden bald nachvollziehbar. Überschreitet man die Brücke zum Schlosstor, so sitzt dort, gut sichtbar, eine Säulenfigur von recht abstoßender Hässlichkeit. Ein kleiner Menschenkörper mit überdimensioniertem Kopf, der aus einer blattumrankten Fratze besteht. Doch an und für sich tut man dem Entenwick oder »Klopferle«, so wird die Gestalt genannt, Unrecht, denn grundsätzlich ist er ein guter Kerl. Was man allerdings aufgrund seiner Herkunft nicht unbedingt vermuten würde.

Der Entenwick, so berichtet es die immer wieder mit faszinierenden Geschichten aufwartende Zimmersche Chronik, ist ein gefallener Engel, der sich einst einem Sachsenheimer Ritter hinten aufs Pferd setzte und so mit ins Schloss kam. Dort machte er sich äußerst nützlich, übernahm Hausdienste, er lernte sogar Gebete, das Glaubensbekenntnis und das »Vater unser«, allerdings ohne den Satz »Und führe uns nicht in Versuchung«. Diese trug er mit hoher, piepsig-vogelartiger Stimme vor. Mehr war nämlich von seiner Anwesenheit nicht zu bemerken, stets blieb er unsichtbar. Trug er zu Tisch auf, schwebten die Gerichte buchstäblich von Geisterhand heran. Der Entenwick war also ein typischer guter Hausgeist.

Trotzdem war die Neugier der von ihm verwöhnten Hausherren groß und so bat einer der von Sachsenheim den Entenwick einmal, er möge sich ihm zeigen. Der Geist riet dringend ab, doch ließ er sich nach langem Zureden bewegen, dem Neugierigen wenigstens einen Arm entgegenzustrecken. Der bereute sofort: Was er sah, war ein furchtbar scheußlicher, dornen- und krallenbewehrter Arm in blutig-eitrigen Farben. Womöglich bewegte dieses Erlebnis die von Sachsenheim dazu, sich letztlich wider besseres Wissen überreden zu lassen, den Geist zu verbannen. Der Entenwick nahm die Vertreibung äußerst übel: Umgehend brannte das Schloss 1542 nieder, die von Sachsenheim starben kurz daraufhin aus.

↑ Auch ohne Hilfe des Entenwick hat sich Großsachsenheim hübsch entwickelt.
← Imposant ist der Schlossbau von Großsachsenheim.

34 Stiftskirche Herrenberg

Der Geisterpfarrer

Christoph Friedrich Oetinger, in Göppingen 1702 geboren, zeigte früh Begabung und durchlief in der Folge die hoch angesehenen württembergischen Klosterschulen Blaubeuren und Bebenhausen, ging dann an die Landesuniversität nach Tübingen, war dort ein klassischer Stiftler wie nicht wenige Berühmtheiten nach ihm – Hölderlin, Hegel, Schelling – und legte 1725 den Abschluss in Theologie ab. Nun stand ihm eine Karriere in der Kirche offen.

Doch Oetinger zeigte vorerst kein Interesse. Stattdessen begab er sich auf Reisen. Der junge Theologe besuchte Frankfurt, Halle, Jena und Herrnhut, wo die Gemeinschaft des Grafen Zinzendorf sein Interesse erregte. Der Gründer der Herrnhuter Gemeinde hätte ihn gern als Teil dieser neuen Bewegung am Rande der Kirche geworben, aber Oetinger zögerte. Er kehrte vorerst nach Tübingen zurück, wo er kurz an der Universität lehrte. Doch sein Wissensdrang war zu groß, erneut ging er auf Reisen, auch nach Herrnhut, wo es wieder nicht zu einem Verbleib in der Gemeinschaft kam. Stattdessen studierte Oetinger noch Medizin in Halle.

1738 war er zurück in der Heimat. Nun beantragte er doch eine Stelle als Priester in württembergischen Diensten. Das Konsistorium war eher wenig begeistert über den offenbar unschlüssigen Mann, dessen Ausflüge in die Medizin und zu den skeptisch betrachteten Herrnhutern, seine Beschäftigung mit der Kabbala und der Alchemie, überhaupt sein breites schriftstellerisches Engagement womöglich nur Scherereien erwarten ließe. Für ihn sprach, neben seinen unbestrittenen fachlichen Qualitäten, dass er sich vorerst nur auf eine kleine Pfarrei bewarb, war er doch noch immer selbst unsicher, ob er für den Dienst taugte. Er kam nach Hirsau in den Schwarzwald. Mit seinem Aufstieg zu wichtigeren Posten, bald in Weinsberg, dann in Herrenberg, zuletzt als Prälat des ehemaligen Klosters Murrhardt, bestätigte er beides: Er war der Aufgabe durchaus gewachsen und er würde für Scherereien sorgen.

Die Auseinandersetzungen innerhalb der protestantischen Kirche Mitte des 18. Jahrhunderts sind komplex, grob gesprochen ging es um die Vereinbarung des traditionellen Glaubens mit der aufkommenden Aufklärung. Oetinger griff aktiv in diese Diskussion ein, indem er ein Zuviel an Rationalismus ablehnte und eine Versöhnung mit der Natur als Basis des Glaubens propagierte. Er stand den Separatisten nahe, die die Amtskirche ablehnten, inspirierte den Pietismus und ließ nicht ab von seiner Begeisterung für außertheologische Forschungen am Rande der Wissenschaften.

Das Volk interpretierte Oetingers Tätigkeiten außerhalb seiner offiziellen Amtsgeschäfte auf seine eigene Weise. Kabbala, Alchemie, Mystik, dazu die oft schwierigen Texte über die »Physica sacra« – aus dem hochgebildeten Theologen wurde der Geisterpfarrer von Herrenberg. Hatte er nicht schon in seiner Zeit als Pfarrer des Dörfchens Walddorf bei Tübingen auf freiem Feld an der alten Sulzeiche den Geistern gepredigt? Und hielt er nicht in der Stiftskirche Herrenberg nächtliche Gespenstermessen ab? Zahlreiche Etiketten klebte man Oetinger im Nachhinein an: Vom verehrten »Schwabenvater« über den (alchemistischen) »Magus des Südens« bis hin zum schon genannten »Geisterpfarrer«.

Ort Herrenberg, Landkreis Böblingen (BB)

Charakteristik Ein unbequemer Pfarrer, der so seine Probleme mit der Amtskirche hatte. Pietist, Theosoph, Kabbalist, Mystiker und Alchemist, all das war Friedrich Christoph Oetinger. Aber war er auch Geisterbeschwörer?

Tipp Vom Schloss über der mächtigen Stiftskirche sind nur noch Reste vorhanden, die Stadt unterhalb des von ihr bedrohten Gotteshauses hat dagegen trotz Verlusten ihren mittelalterlichen Charme bewahrt.

Einkehr Herrenberg

↑ Ein wackliges Monument: die Stiftskirche Herrenberg
← Im Zentrum von Herrenberg

35 Der Hohenasperg

Tränenberg, Höllenpforte, Freiheitsgrab

Es verwundert kaum, dass die dunkle Geschichte des Hohenaspergs unter Herzog Ulrich seinen Anfang nahm, der hier 1516 angebliche Verschwörer foltern und anschließend hinrichten ließ. Er war es auch, der nach seiner zwischenzeitlichen Absetzung 1535 die Burg zur Landesfestung ausbauen ließ – wofür die dort vorhandene Stadt kurzerhand komplett umgesiedelt werden musste, sie sank zum Dorf Asperg am Fuße des Hügels herab. Die militärische Bedeutung der Festung war nicht sonderlich hoch, wie sich in den folgenden Kriegen herausstellte. Sie wurde sowohl im Dreißigjährigen als auch im Pfälzer Erbfolgekrieg von den Gegnern besetzt. Danach beherbergte sie zwar noch eine Garnison, aber als Bollwerk hatte sie ausgedient.

Jetzt begann ihre Geschichte als Kerker für politisch unliebsame Gegner. Schon der erste große Fall, die Haft des Finanzberaters des Herzogs Karl Alexander, Süß Oppenheimer, setzte ein trauriges Fanal. Die vom Herzog gedemütigten Landstände und die ihrem Namen alle Unehre machende »Ehrbarkeit« rächten sich für die Behandlung nach dem Tod des Fürsten stellvertretend an Oppenheimer, einem leichten Opfer, konnte man gegen ihn als Auswärtigem und vor allem Juden doch hervorragend Hass schüren. In der Haft auf dem Hohenasperg gefoltert, gedemütigt und doch unnachgiebig, fielen die zahlreichen Anklagen gegen Oppenheimer mangels Grundlage in sich zusammen. Da das Urteil aber von vorneherein feststand, wurde er unter fadenscheiniger Begründung unter großem Spektakel 1738 in Stuttgart hingerichtet. Ein mehr als offensichtlicher Justizmord.

Eines der bekanntesten Opfer der herzoglichen Willkür, der den Hohenasperg endgültig zum Menetekel der bösartigen Willkür machte, war Christian Friedrich Daniel Schubart (1739–1791), Sturm-und-Drang-Dichter kritischer Lyrik. Er war nicht einmal württembergischer Untertan, doch Karl Eugen ließ ihn ins Land locken, um ihn fortan für ganze zehn Jahre hinter Gittern versauern zu lassen, anfangs in besonders schwerer Haft. »Schauer fuhr durch mein Gebein, als sich der Asperg vor mir aus seinem blauen Schleier enthüllte. ›Was wird dich dort erwarten?‹ dachte ich, als der Wagen bereits vor der Festung anhielt.«

Ähnliche Gedanken werden noch viele ihm Nachfolgende gehabt haben, widerständige Untertanen, aber auch mehrere Adlige, die nicht ins neue Königreich Württemberg integriert werden wollten, religiöse Separatisten, sowie nach und nach immer mehr liberale Intellektuelle und Kritiker des autoritären Fürstenstaates, darunter der Nationalökonom Friedrich List, der 1824 für zwei Jahre auf dem Asperg einsaß. Die Epoche als »Demokratenbuckel« begann. »Dahin, dahin / Mußt endlich Freund du auch nun einmal zieh'n«, dieser Vers des Insassen Friedrich Albrecht, eines Theologen, galt bald für viele Republikaner. Die Revolution von 1848 (über)füllte in den Folgejahren die Zellen des Aspergs.

Der Hohenasperg blieb auch im Anschluss stets ein die Zeitläufte widerspiegelndes Gefängnis. Oppositionelle Demokraten gehörten auch im weiteren 19. Jahrhundert zur Insassenschaft, französische Kriegsgefangene kamen 1870/71 hinzu, in der Weimarer Republik Kommunisten, unter den Nazis prominente Gegner wie der ehemalige Staatspräsident Eugen Bolz, dann Sinti und Roma, in der Nachkriegszeit sperrten die US-Behörden dort wiederum Naziverbrecher ein und selbst als nur noch das Justizvollzugskrankenhaus bestand, sorgte der Hohenasperg durch mehr oder weniger prominente Gefangene, etwa aus den Reihen der RAF, für Schlagzeilen. In den letzten Jahren gab es diese bestenfalls aufgrund von geglückten Fluchten, weshalb die Geschichte des Hohenaspergs als Strafanstalt nach vielen Jahrhunderten sich womöglich dem Ende zuneigt.

↖ Hinter diesen Toren verschwanden viele für Jahre.

Ort Hohenasperg, Landkreis Ludwigsburg (LB)

Charakteristik Das bekannteste und berüchtigste Gefängnis Württembergs, Ort der leidvollen Haft zahlreicher bekannter, aber auch unbekannter Gefangener und Mahnmal der Fürstenwillkür.

Tipp Die schönen Fassaden der absolutistischen Herrschaft, in Blickweite des Hohenaspergs, kann man im barocken Ludwigsburg, zeitweise Residenz der Herzöge, in all ihrer äußeren Pracht studieren.

Einkehr Asperg

36 Leonberg

Die Hexenmutter

Im Leonberger Ortsteil Eltingen steht ein Denkmal mit zweifelhafter Vergangenheit. Aufgestellt zu Nazizeiten 1937, was der künstlerischen Form deutlich anzusehen ist, handelt es sich nicht, wie man angesichts der kraftstrotzenden jungen Frau mit Sichel und Ähren vermuten könnte, um eine Verherrlichung der deutschen Bäuerin, sondern um Katharina Kepler, die in Eltingen geborene Mutter des berühmten Astronomen und Mathematikers. Der Bürgermeister verhinderte damals, dass die Geehrte als alte Frau dargestellt wurde, in der sie viel eher in Erinnerung blieb und nichts macht darauf aufmerksam, warum sie überhaupt im Gedächtnis blieb – denn wer kennt schon die Mutter von Galilei, Einstein oder Hawking?

Warum der Künstler des Denkmals Katharina Kepler quasi als Bäuerin darstellte, bleibt sein Geheimnis, selbst ein Krug oder ein Blumenstrauß wären angemessener gewesen, denn sie entstammte einer Wirtsfamilie und beschäftigte sich später im Alter mit Heilkräutern. Ihr Vater besaß nicht nur ein Gasthaus, sondern war gut 20 Jahre angesehener Schultheiß von Eltingen, eine glückliche Kindheit blieb der um 1550 geborenen Katharina trotzdem verwehrt, ebenso wie eine harmonische Ehe und ein ruhiges Alter. Erst war es die ständig kranke Mutter, die das Leben der jungen Frau erschwerte, dann die frühe Ehe mit Heinrich Kepler, an sich eine gute Partie, der Vater des Auserwählten war Kaufmann und seit Kurzem

Bürgermeister der Reichsstadt Weil der Stadt. Nun könnte man denken, Bürgermeisterstochter und Bürgermeisterssohn würde gut passen, aber eine Reichsstadt und ein Dorf waren eben doch ein Unterschied, was die Schwiegerfamilie Katharina spüren ließ. Und eine Liebesheirat war es ohnehin nicht, sieben Monate später kam Johannes Kepler zur Welt, wohl der eigentliche Anlass der Vermählung.

Heinrich war ein unsteter Mensch und Haustyrann, der sich irgendwann Soldaten anschloss und verschwand. Katharina holte ihn zwar persönlich einmal zurück, doch später machte er sich erneut davon und nur noch die Nachricht von seinem Tod kam zurück nach Leonberg, wo die Keplers inzwischen von Weil hingezogen waren. Katharina blieb mit vier überlebenden Kindern zurück: einer Tochter und drei Söhnen. Immerhin, diese machten sich. Johannes wurde zum hochangesehenen Wissenschaftler, Christoph ein geschickter Handwerker in Leonberg und Margaretha heiratete einen Pfarrer im nahegelegenen Heumaden. Aber da war noch Heinrich, der nicht nur namentlich in die Fußstapfen seines Vaters trat – vor allem aber trat er eine Welle los, die seiner Mutter fast den Tod gebracht hätte.

Heinrich junior war ebenfalls Soldat gewesen, der aus dem Dienst entlassen, pleite und gesundheitlich angeschlagen, nach Leonberg zurückkam und sich bei seiner Mutter einnistete. Diese hatte von ihrem Vater einiges geerbt und somit ihr gutes Auskommen. Ihr Sohn aber war mit allem unzufrieden, ein gedemütigter selbsternannter Kriegsheld, der in der Stadt nur böse Worte über seine Mutter verlor. 1615 starb er, doch da hatte er bereits überall verbreitet, seine Mutter sei eine Hexe.

↑ Der Engelbergturm in Leonberg
← Schöne Fassaden verbergen oft schreckliche Geschichten.

Einen gefährlicheren Vorwurf konnte man einer alten Frau, Katharina ging auf Ende 60 zu, kaum machen.

Vor allem, wenn es weitere Neider in der Stadt gab oder auch Menschen, denen Katharinas Art einfach auf die Nerven ging. Denn dass auch sie schwierig sein konnte, stritt niemand ab. Sie war hilfsbereit, wie erwähnt, beschäftigte sie sich mit Heilkräutern und Hausmittelchen, aber auch geschwätzig und wohl in dieser Hinsicht etwas aufdringlich. Jedenfalls hatte sie sich Feinde geschaffen, die den Vorwurf, sie sei eine Hexe, nur allzu gern aufgriffen. Der Glaser Reinbold und seine angeblich schwerkranke Frau machten nun Katharina Kepler für deren Gebrechen verantwortlich. Ein lebensbedrohlicher Vorwurf, zwar war Württemberg in jenen Jahren keine Hochburg des Hexenwahns, aber einzelne Prozesse fanden immer wieder statt, oft mit Hinrichtungen endend, auch in Leonberg. Christoph Kepler und Pfarrer Binder, ihr Schwiegersohn, strengten also einen Verleumdungsprozess gegen Reinbold an. Ihr Pech, dass der zuständige Leonberger Vogt Lukas Einhorn eng mit dem Glaser und seiner Familie verbunden war – und erfahren in Hexenprozessen.

Es begann eine ermüdende Justizschlacht zwischen dem parteiischen Vogt, der sogar Befehle aus Stuttgart ignorierte, um Katharina verurteilen zu lassen, und den Keplers. Katharina wehrte sich nach Kräften, sie versuchte fatalerweise sogar Bestechung, sie floh bis nach Linz zu ihrem berühmten Sohn, kam aber wieder zurück. Einhorn zögerte Verhandlungen lange hinaus, um die

Der Leonberger Pomeranzengarten

Gegner mürbe zu machen. Mit Erfolg: Christoph Kepler und Pfarrer Binder waren des Aufhebens irgendwann leid, sie fürchteten um ihr Ansehen und wollten nur noch, dass der Prozess, der sich ins Gegenteil verkehrt hatte und zu dem noch eine Schadensersatzklage über sagenhafte 1000 Gulden seitens der Reinbolds hinzukam, zu Ende ging, so oder so. Auch in Stuttgart war man der ständigen Eingaben überdrüssig. Katharina selbst konnte nur noch auf ihren Sohn Johannes bauen, der sich schließlich von Österreich aufmachte, um ihr persönlich beizustehen. Das war auch dringend nötig: Mittlerweile, es waren sechs Jahre vergangen, saß seine Mutter in Güglingen schon seit Monaten in Haft. Die Tübinger Universität, zuständig für das entscheidende Rechtsgutachten, war weder von ihrer Schuld noch Unschuld überzeugt, man solle sie foltern, aber nur in erster Stufe. Das bedeutete, der Scharfrichter zeigte ihr seine Werkzeuge und drohte mit Anwendung. Katharina Kepler blieb standhaft. Sie verstarb ein halbes Jahr später – in Freiheit.

Ort Leonberg, Landkreis Böblingen (BB)

Charakteristik Einer der bekanntesten Hexenprozesse Württembergs richtete sich gegen die Mutter des Astronomen Johannes Kepler. Er nahm den Kampf gegen eine parteiische Justiz auf.

Tipp Viele kennen Leonberg nur aus den Staumeldungen, aber der Besuch der Altstadt – mit einigen Schauplätzen aus berichteter Geschichte – ist sehr lohnenswert. Ein Höhepunkt ist der Pomeranzengarten des Schlosses.

Einkehr Leonberg

Die Angst ging um im Marbacher Land Mitte der 1980er-Jahre.

37 Parkplätze zwischen Marbach und Heilbronn

Halten für den Hammermörder

Parkplätze an Landstraßen als unheimliche Orte? Im Ernst? Viele von uns nehmen diese vielleicht als langweilig, rein funktional, womöglich etwas schmuddelig oder einfach überhaupt nicht wahr. Eine Bucht an der Straße, Bänke, Mülleimer, im gehobenen Fall ein Klohäuschen, was soll daran schon Besonderes oder gar Unheimliches sein? Und doch mieden die Menschen der Gegend nördlich von Marbach im Jahr 1985 die Parkplätze um jeden Preis – und zwar absolut zurecht. Ihre Angst vor den einsamen Halteplätzen war völlig begründet.

Einer dieser Parkplätze, eine von der Straße etwas wegführende, damit abgelegene Bucht, ist ein eher ruhiger Geheimtipp unter den damals noch häufigen Vertretern, die viel im Auto unterwegs sind und hier ihre Ruhepäuschen machen. Allzu lange dürften sich die meisten aber vor Ort trotzdem nicht aufgehalten haben, ist doch das nicht gerade geruchsarme große Klärwerk Häldenmühle gleich in der Nähe. Siegfried Pfitzer war so ein Handlungsreisender, er hatte einen Geschäftstermin in Freiberg am Neckar und war auf dem Weg nach Marbach, wo er nie ankam. Am 3. Mai 1984 wurde seine Leiche im Wald bei der Häldenmühle gefunden. Er war erschossen worden. Sein Auto fehlte.

Das gestohlene Fahrzeug wurde vom Opfer- zum Täterauto. Es stellte sich schnell heraus, dass es zu einem Banküberfall in der kleinen Volksbankfiliale in Erbstetten benutzt worden war. Der Bankräuber war kurz vor der Mittagspause dort aufgetaucht, mit einem Vorschlaghammer. Er zertrümmerte das Schutzglas, eine Kamera gab es nicht, der Alarm versagte. Mit eher bescheidenen 4790 D-Mark floh der Mann. Nachdem der Zusammenhang mit dem Mord an der Häldenmühle hergestellt worden war, wurde die Sonderkommission »Hammer« gebildet. Obwohl sich der Täter an den Scherben der Glaswand verletzt zu haben schien, verliefen die Ermittlungen vorerst ergebnislos.

Cleebronn im Landkreis Heilbronn, 28. Dezember 1984. Ein Mann stürmt in die örtliche Volksbank, er hat einen Vorschlaghammer in der Hand. Der Ablauf ist ähnlich, die Beute dieses Mal wesentlich höher: 79 000 D-Mark. Die Polizei ahnt Schlimmes – und sie wird Recht behalten. Beim Parkplatz Rohrbachtäle wird kurz darauf die Leiche des in Nürnberg wohnenden Engländers Eugene Wethey gefunden. Er war bereits am 21. Dezember dort erschossen und notdürftig versteckt worden. Sein Auto hatte der Täter zum Banküberfall genutzt. Nun war klar: Der Mann ging äußerst kaltblütig vor, mordete, nur um ein Fahrzeug zu erhalten, vor allem aber handelte es sich offenkundig um einen Serientäter.

Man versteht nun, warum in der Region Angst vor den Parkplätzen aufkam. Mancher tröstete sich, dass der Mörder es bislang nur auf Autos mit ortsfremden Kennzeichen abgesehen hatte, aber riskieren sollte man besser nichts. Was aber, wenn

↑ Hinter hübschen Fachwerkfassaden saßen nicht immer nur nette Nachbarn.
← Die idyllische Altstadt von Marbach kann trügen.

einen ein Polizist zum Folgen auf einen Parkplatz aufforderte? Wilfried Schneider, der aus der Umgebung stammte, erging es so am 22. Juli 1985. Der Uniformierte ließ ihn auf einem Waldparkplatz bei Ilsfeld stoppen – und erschoss ihn. Doch der anschließende Überfall in Spiegelberg misslang, der Filialleiter hatte den Mann mit dem Vorschlaghammer vorher gesehen und sofort Alarm ausgelöst.

Bei der Sonderkommission bestand seit Längerem der ungute Verdacht, ein Kollege könnte der Täter sein – die gefundenen Munitionsreste deuteten auf eine Polizeiwaffe hin. Die Pistolen der Beamten wurden nach und nach vom BKA überprüft, die Polizei setzte zudem nach außen hin recht ungewöhnliche Mittel ein, um in dem schlagzeilenträchtigen Fall weiterzukommen: Ein Aufklärungsmobil mit Tatwerkzeugen und anderen Spuren reiste durch die Region, um Hinweise in der Bevölkerung zu bekommen, die Fernsehsendung »Aktenzeichen XY« nahm sich des Falles an. Doch der »Hammermörder«, der mit dem Hammer nie mordete, blieb ein Phantom. Peinlicherweise geriet noch dazu zwischenzeitlich ein Polizist in Verdacht, der sich als unschuldig herausstellte.

Ort Hädenmühle, Landkreis Ludwigsburg (LB); Parkplatz Rohrbachtäle, Rems-Murr-Kreis (WN)

Charakteristik Einsame Waldparkplätze, die mit einem der bekanntesten Verbrechen der Nachkriegsgeschichte verbunden sind.

Tipp Der Fall wurde auch – nach einem ebenfalls lesenswerten Buch von Fred Breinersdörfer – sehr erfolgreich verfilmt. Christian Redl stellte den Hammermörder dar, Ulrike Kriener seine Frau. Für einen DVD-Abend bei fest verriegelten Türen.

Einkehr In Marbach, Großbottwar oder Aspach

Am 27. September 1985 gab es in der Gegend zwei Banküberfälle. Einen in Ludwigsburg, einen in Rosenberg bei Ellwangen. Beide ohne Vorschlaghammer. Der Ludwigsburger Täter wird bald gefasst, der Rosenberger, Beute 11 000 D-Mark, nie. Erst später stellte sich heraus, dass es der »Hammermörder« war. Bei Kontrollen am Ludwigsburger Bahnhof finden Beamte derweil im Schließfach eine Uniform. Sie gehört dem Kollegen Norbert Poehlke. Er wird einbestellt, hat aber eine Erklärung, die nur unzureichend überprüft wird. Für den falschen Überfall verdächtigt, kommt er wieder frei, doch er ahnt, dass sich die Schlinge endgültig zuzieht. Mitte Oktober, er war noch mehrfach verhört worden, kommt er in sein noch im Bau befindliches Haus in Strümpfelbach, tötet dort seine Frau und einen seiner Söhne. Mit dem zweiten fährt er nach Italien, wo er später am Strand bei Brindisi sich und sein Kind erschießt.

Die Motive des »Hammermörders« bleiben ungeklärt. Während der erweiterte Selbstmord, so bitter dies ist, gewissermaßen ins psychologische Schema der nun aussichtslos gewordenen Lage passt, bleibt offen, warum Poehlke, Polizist wie auch seine Frau, skrupellos Menschen tötete, nur um an PKW zu gelangen. Er verhielt sich dabei geschickt und ungeschickt zugleich, hinterließ Spuren, wie die Hämmer und Patronenteile, täuschte aber erfolgreich Kollegen und Nachbarschaft. Es war einer der größten Fälle von Serienmord in der Bundesrepublik – und mancher wird noch immer ungern auf den Parkplätzen zwischen Marbach und Heilbronn Rast machen.

➔ Ruhe war wieder eingekehrt in Marbach, aber der Schrecken saß tief.

38 Burg Teck und das Lautertal

Der Sybille auf der Spur

Der Beweis ist buchstäblich riesig und an bestimmten Tagen auch für den Laien nicht zu übersehen. Wer sich bei bestimmten Wetterlagen, etwa längeren Trockenheiten, auf die Burg Teck begibt und in das gut 400 Meter unter ihm liegende weite Lautertal schaut, der kann sie eindeutig erkennen: Zwei schnurgerade Streifen, die sich zwischen Owingen und Dettingen diagonal über die Felder hinziehen. Und dies über ganze 600 Meter. Ein genauerer, zweiter Blick verrät, dass noch ein dritter, dünnerer Strich durch die Landschaft exakt parallel daneben herläuft Auf den Feldern selbst zeigt sich das seltsame Phänomen durch besseres Wachstum an diesen Stellen. Bekannt ist es seit Langem schon als »Sybillenspur«.

Nicht nur dem Namen nach wird die seltsame Zeichnung des Bodens in Verbindung gebracht mit der Sybillenhöhle direkt unter den Ruinen der Burg Teck. Die Sybille rückte immer mehr in den Vordergrund, wies der Name doch auf antike Prophetinnen zurück. So hieß es bald, eine solche wohne in der Höhle, bei der die Menschen der Umgebung Weissagungen und Rat holen konnten. Anfangs noch eine ambivalente Figur, die eher an eine Hexe erinnerte, wurde die Sybille in der Vorstellung der Bevölkerung und der Literatur immer mehr zur gütigen, weisen Frau, schließlich zu einer Art Schutzpatronin des Landes um die Teck.

Durch Legendenbildung wurde die Sybille zur Mutter dreier Söhne, die sich allerdings untereinander nur leidlich verstanden. So baute schließlich jeder seine eigene Burg: Die Teck, die Diepoldsburg und die Wielandstein. Je nach Erzählung war nur einer der Brüder ein garstiger Kerl, der sich schließlich dem Plündern widmete, weshalb seine Feste – Diepoldsburg – bald nur noch als »Rauber« bekannt war, nach anderer Lesart waren alle drei üble Burschen. Sehr zum Gram ihrer in der Höhle am Teckberg wohnenden Mutter. Verärgert und verzweifelt über ihre missratenen Kinder setzte sie sich in einen von Katzen gezogenen Wagen, flog knapp über das Lautertal bis Beuren, landete dort auf der heutigen Sybillenkappel und ward nie mehr gesehen. Geblieben sind die Höhle, in der manche noch immer einen von der weisen Frau einst gehüteten Schatz vermuten – und die Sybillenspur.

Dass die Menschen für dieses bizarre Phänomen in ihren Feldern eine Erklärung suchten, ist verständlich – den modernen Forschern ging es nicht anders. Erst 1982 gelang Archäologen endgültig des Rätsels Lösung: Die Römer hatten hier an ihrer zwischenzeitlichen Reichsgrenze eine Talsperre errichtet, den sogenannten Lautertal-Limes, natürlich wie mit dem Lineal gezogen, wie es die antike Militärarchitektur so liebte. Die Gräben und Pfosten hinterlassen dabei durch Verfüllung mit fruchtbarem Boden die typischen und sichtbaren Veränderungen in der Bepflanzung.

Auch die Katzen an Sybilles Wagen gehen auf tatsächliche Funde zurück. Ende des 19. Jahrhunderts fanden Untersuchungen der Höhle statt, insbesondere reinigte man sie von zahlreichem Schutt, der sich dort – auch durch die erfolglosen Schatzgräber – angesammelt hatte. Unzählige Knochen kamen dabei zutage, keine menschlichen, dominant waren die Überreste von Höhlenbären. Ebenfalls ausgegrabene vereinzelte Bruchstücke von Skeletten des Höhlenlöwen regten die Fantasie jedoch mehr an: Sie wurden zu den Zugtieren von Sybilles Streitwagen.

↑ Blick von der Teck ins Lautertal

← Die Burg Teck und die unterhalb liegende Sybillenhöhle

Ort Owen, Landkreis Esslingen (ES)

Charakteristik Sie hat buchstäblich ihre Spuren in der Region hinterlassen: Sybille von der Teck, eine der bekanntesten Sagengestalten Württembergs.

Tipp Noch eine andere sagenhafte Höhlenbewohnerin gab es am Teckberg. An ihr weitaus tragischeres Schicksal erinnert das nur wenig von der Sybillenhöhle entfernte Verena-Beutlins-Loch.

Einkehr Burg Teck oder Owen

39 Der Ursulaberg bei Pfullingen

Bei der Bergurschl

Der ehemalige Stadtpfarrer Georg Maier berichtet in seiner Pfullinger Stadtchronik von 1930 von der Bestrafung eines Mitbürgers im Jahr 1754: »Michael Weiß, hat unter dem Vorwand, einen Geist zu erlösen, der auf dem sogenannten Ursulaberg gehen sollte, sich verdächtig gemacht, allerlei abergläubische Sachen zu treiben. Es wird ihm von Kirchenkonvents wegen ernstlich eingeschärft, mit allen solchen Sachen nichts zu tun zu haben, auch sich mit anderen verdächtigen Personen nimmer einzulassen. Weil er bei seinem Beichtvater trotz zweimaliger Vorladung nicht erschienen ist, hat er 1 fl. Strafe in den Heiligen zu zahlen.«

Auf, beziehungsweise im Ursulaberg fest sitzt die Urschl aufgrund eines Fluches. Dort stand auf dem Hörnle genannten Teil der Anhöhe einst ihr Schloss, das aber mitsamt Insassen ins Berginnere hineinversetzt wurde. Die Schlossbesitzerin, eben jene Urschl, ist an und für sich eine gutmütige Gestalt, doch trotzdem von sehr ambivalentem Charakter. Für gewöhnlich unterstützt sie die Fuhrleute auf der nahen Steige, schiebt sie an oder, noch wichtiger, bremst sie auf der steilen Abfahrt. Den Holzfällern lenkt sie die stürzenden Bäume, sie hilft sogar bei der Ernte oder beim Spinnen. Die Pfullinger bedanken sich hierfür mit kleinen Opfergaben in Steinchenform. Sobald man aber ihre

Gunst missbraucht oder sich über sie lustig macht, ist es mit ihrer Unterstützung vorbei.

Denn die Urschl trägt auch dämonische Züge. Normalerweise wie ein Edelfräulein prächtig gewandet, kann sie sich in verschiedene Tierformen verwandeln. Vor allem aber möchte sie von ihrem Schicksal erlöst werden – und hier kommen Menschen wie Michael Weiß ins Spiel. Denn das Vorhaben ist nicht einfach. Die Urschl selbst muss die Voraussetzung schaffen, indem sie einen Baum pflanzt, aus dem später eine Wiege gemacht wird, in der ihr zukünftiger Erlöser liegen wird. Ist dieser in einem bestimmten Alter, so erscheint sie nur für ihn sichtbar und fordert ihn auf, zur Tat zu schreiten. Dafür sind, je nach Sage, einige Hindernisse zu überwinden: Man müsse ihr in das unterirdische Bergschloss folgen, dort mit ihr, aber auch einer fürchterlichen Schlange essen oder auch unter einem Mühlstein durchkriechen, der nur an einem Bindfaden hängt. Als Lohn winken nicht nur die schöne Urschl selbst, sondern auch zahlreiche verborgene Schätze.

Mancher schreckte vor der Schlange zurück, andere – hier dürfte Weiß' Strafe das Vorbild gewesen sein – wurden rechtzeitig von mahnenden Geistlichen abgehalten, die darauf verwiesen, dass die Urschl, mag sie sich auch noch so freundlich geben, schlussendlich nur ein Dämonenspuk und nicht umsonst mit einem Fluch belegt ist. Statt Glück winkte daraufhin allerdings Böses: Die weiterhin unerlöste Urschl sorgte dafür, dass der Gescheiterte binnen Jahresfrist verstarb und pflanzte einen neuen Baum für eine neue Wiege.

Die Urschl hat auf ihrem Berg noch Gesellschaft, sie ist umgeben von den – meist drei – Nachtfräuleins, hilfreichen Geistern, die sehr gern in die Spinnstuben der Umgebung kommen, um äußerst fleißig mitzuhelfen. Auch für sie gilt: Wer sie auszunutzen sucht oder sich nicht an ihre Anweisungen hält, der muss fortan auf ihren Beistand verzichten. In die so genannten Nachtfräuleinslöcher am Ursulaberg werfen die Pfullinger als Dankeschön Steine als Opfer, schließlich sind die kleinen Damen ausnehmend freundliche Geister, sofern man sie gut behandelt.

Ort Pfullingen, Landkreis Reutlingen (RT)

Charakteristik Der Pfullinger Ursulaberg ist einer der sagenreichsten Orte der gesamten Region. Hier hausen die Bergurschl und die mit ihr verbundenen Nachtfräuleins.

Tipp Naturgemäß lohnt sich auch ein Besuch des Städtchens Pfullingen. Sehenswert und an die frühere Bedeutung vor allem im Hochmittelalter erinnernd, sind die Stadtkirche, die Reste des Frauenklosters und das spätere Renaissanceschloss.

Einkehr Pfullingen

↑ Steht im Ort schon die nächste erlösende Wiege?
← Blick auf Pfullingen

40 Reutlingen und die Alteburg

Jugendlicher Hexentanz

Sie sei auf der Alteburg gewesen, ausgeführt zum Hexentanz vom Teufel höchstpersönlich, so bekannte Margaretha Schirm aus Betzingen am 1. November 1637 vor der Reutlinger Obrigkeit. Doch sie war keineswegs, wie dies bei Hexenverfolgungen oft üblich war, denunziert worden, auch gestand sie nicht nach Androhung oder gar Anwendung der Folter, Margaretha Schirm äußerte sich frei heraus und ungefragt, mit anderen Worten: Sie bezichtigte sich selbst eines Vergehens, auf das im Zweifelsfall die Todesstrafe stand.

Aber dies war nicht das einzige Bemerkenswerte. Margaretha war nämlich zudem erst 13 Jahre alt. Der Reutlinger Rat war ratlos. Nun stammte das Mädchen ausgerechnet auch noch aus Betzingen, einem Ort, der nach mehreren Vorfällen in den Jahren 1612 und 1613, die zu zwei Hinrichtungen geführt hatten, als »Hexendorf« verschrien war. Die Ratsmänner gingen vorsichtig vor: Sie schickten erst einmal zwei Pfarrer zu dem Mädchen. Doch dieses rückte nicht von seinen Behauptungen ab. Somit waren nun die zuständigen Beamten am Zug, sie verhörten das Kind, dessen Geschichten über seine Erlebnisse mit dem Teufel nur noch ausführlicher wurden.

Margaretha kam in den Gefängnisturm. Die dortigen Wärter sollten sie unter Beobachtung halten, doch sie machten die Angelegenheit nur umso schlimmer, indem sie ihr allerlei Gruselgeschichten über den Satan erzählten. Sie berichtete jetzt sogar von Besuchen des Unaussprechlichen im Turm – was die Wärter eifrig bestätigten. Ja, das Mädchen bat sogar darum, dem teuflischen Treiben endlich ein Ende zu bereiten, indem man sie von ihren Qualen durch Hinrichtung erlöse.

Theoretisch hätte es sich der Rat also sehr einfach machen können: Es gab ein Geständnis, auskunftsfreudige Zeugen und eine Täterin, die gewillt war, ihr Vergehen mit dem Tod zu büßen. Aber konnte man einer 13-Jährigen wirklich Glauben schenken? Zum Glück gab es da – man denke an den Fall Katharina Kepler – die Universität Tübingen und deren Juristische Fakultät. Wie fast immer ging man in Tübingen die Sache sehr korrekt und mit Augenmaß an. Dementsprechend ausgewogen waren die Ratschläge der Professoren. Für das Mädchen spreche ihr Alter. Wer so jung sei, der könne sich auch noch zum Guten ändern. Einem Kind seien die Folgen seiner Untat womöglich auch noch gar nicht in vollem Maße bewusst. Bislang sei zudem nur sie selbst von dem Verbrechen betroffen, sie habe damit noch niemand anderem geschadet. Die Tübinger Akademiker gingen somit zwar durchaus von der Wahrheit des Erzählten aus, führten aber Milderungsgründe an. Von einer Hinrichtung riet man ab.

Im Rat gingen die Meinungen trotzdem auseinander. Der dort zuständige Syndikus, der seine Meinung zu dem Fall vortrug, ging sogar noch weiter als das Fakultätsgutachten: Er hielt die Geständnisse Margaretha Schirms für jugendliche Einbildungen, die Verhängung der Todesstrafe sei nicht gerechtfertigt. Nach kontroverser Diskussion schloss sich das Gremium seinem Vorschlag an. Die getroffenen Folgemaßnahmen deuten allerdings an, dass man sich nicht hundertprozentig sicher war. Margaretha sollte weiterhin unter Aufsicht gestellt und beobachtet werden. Und zwar an einem Ort, der fast noch sicherer war als das Gefängnis: dem Sondersiechenhaus, sprich dem von der Außenwelt abgeschlossenen Spital für die unheilbar Kranken – »sonder« kam von »abgesondert«. Es mag kaum verwundern, dass das Mädchen dort bereits nach kaum einem Jahr im Oktober 1638 verstarb.

↑ Kann ein Kind eine Ketzerin sein?
← Reutlingen

Ort Reutlingen, Landkreis Reutlingen (RT)

Charakteristik Hexe oder nicht Hexe, das ist hier die Frage. Was tun, wenn jemand sich selbst der Hexerei bezichtigt – und gar erst 13 Jahre alt ist? Ein wahrer Fall aus Reutlingen

Tipp Die Alteburg erinnert nur noch im Namen an das einstige völlig verschwundene mittelalterliche Gemäuer. Stattdessen finden sich dort nun ein Aussichtsturm auf dem Käpfle und der Gutshof Alteburg, ein Ausflugslokal.

Einkehr Reutlingen oder Alteburg

41 Die Sünderstaffel in Stuttgart

Es geht bergab

Der Fernsehturm, das Schloss, die Stiftskirche, das sind so die üblichen Stuttgarter Sehenswürdigkeiten, die dem eiligen Tagestouristen geboten werden, das eigentliche Wahrzeichen der im Talkessel gelegenen Schwabenmetropole sind jedoch seine öffentlichen Treppen, besser bekannt als »Stäffele«. Eine davon gilt als besonders schön, aber sie hat einen doch recht seltsamen Namen, der sogleich die Neugier weckt: Es ist die Sünderstaffel. Gelegen an der Pfizerstraße, nahe der Villa Scheufelen, beeindruckt sie durch ihre Länge und ihre gelungene städtebauliche Anlage, aber am meisten natürlich durch ihre Geschichte.

1304 soll sie das erste Mal erwähnt worden sein, als Staffelfurch, damals noch ein ansteigender Weg zwischen Weinbergen vor der Stadt. Erst gut 150 Jahre später, 1466, taucht der Name Sünder in Verbindung mit der Örtlichkeit auf, der sehr viel später auch der Staffel den Namen geben sollte. Eine Erklärung liefern allerdings nicht die Urkunden und Akten, sondern der Volksmund, aber der weiß es dafür ganz genau.

1339 habe der Adlige Hans Bernhard Rugger seinen Kollegen Rudolf von Weissenburg in einem Eifersuchtsanfall erstochen. Anlass war ein an sich fröhliches Weinfest, auf dem die beiden um die Gunst einer jungen Dame buhlten, Rudolf von Weissenburg jedoch mit mehr Erfolg. Enttäuscht und gedemütigt, womöglich angetrieben von zu viel Weingenuss, habe der Rugger schließlich erzürnt einen Dolch gezogen und Weissenburg kurzerhand ins Herz gestoßen. Ein Affektmord unter Alkoholeinfluss, aber solch mildernde Umstände kannte das damalige Recht noch nicht. Der Rugger wurde zur Hinrichtung verurteilt, erbat sich aber, diese in einem Weinberg durchzuführen, der seiner Familie gehört und ihm auch auf dem Weg zum Tod noch dreimal einen Rebentrunk zu gewähren. Er war ein Adliger, die Wünsche wurden ihm erfüllt.

Offizielle Belege gibt es für diese Geschichte nicht. Hinrichtungen gab es in der Gegend der heutigen Sünderstaffel jedenfalls keine. Inspiriert wurde die Sage womöglich vom Sünderstein, einem Monument, das einige Inschriften trägt, die auf einen reuigen Sünder hindeuten. Auf Lateinisch steht dort einerseits: »Was die Gottlosen gerne wollen, das ist verloren!« und »Sündige hinfort nicht mehr«. Auf einem weiteren Stein soll die Aufschrift »Gott sei mir Sünder gnädig« eines gewissen Johann Ruger gestanden haben. Unzweifelhaft stammen bzw. stammten jedoch beide Denkmale aus der Mitte des 16. Jahrhunderts.

Ort Stuttgart, Stadtkreis Stuttgart (S)

Charakteristik Warum heißt die Sünderstaffel Sünderstaffel? Geht der Name tatsächlich auf einen Mord im Mittelalter zurück?

Tipp Eine der nicht wenigen Weißen Frauen, die in Ansitzen des deutschen Hochadels ihr Unwesen treiben, lässt sich der Überlieferung nach bei einem Besuch im Alten Schloss antreffen.

Einkehr Stuttgart

↑ Der Sünderstein trägt seltsame Inschriften.
← Die Sünderstaffel

↑ Hat diese Treppe ihren Namen verdient?

42 Die Stiftskirche Tübingen

Der Mann im Rad

Es ist ein Rundfenster an der Ostwand des nördlichen Seitenschiffes der Tübinger Stiftskirche, das wahrscheinlich vielen beim Vorbeigehen nicht auffällt. Ist der Blick aber erst einmal auf dieses Kunstwerk gefallen, stellt sich schnell Erschütterung ein. Mit drastischem Realismus ist hier ein Mann, der nicht auf, sondern in die Speichen eines Rades geflochten ist. Nackt bis auf einen sich auflösenden Lendenschurz, der ebenfalls in die Speichen verschlungen ist, hängt er wie verzerrt kopfüber auf dem grausamen Foltergerät. Warum zeigt man dies ausgerechnet auf einem Kirchenfenster?

Eines Tages fand man im Wald den Sohn eines Tübinger Metzgers, beraubt und anschließend erschlagen. Man forschte in der Umgebung nach und fand einen Wirt in Pfullingen, der sich nicht nur an das spätere Opfer, sondern auch an einen Begleiter desselben erinnern konnte, der gemeinsam mit ihm das Gasthaus mit Ziel Reutlingen verlassen hatte. Die Tübinger schickten einen Boten in die Reichsstadt, der erkunden sollte, wer an genanntem Tag in Reutlingen angekommen sei. Der Betreffende war bald ausgemacht, es war der Sohn des reichen Gerbers Laiblin. Tatsächlich fand sich bei ihm auch ein Wandersack des Opfers, doch Laiblin junior beteuerte, er habe diesen nur getragen, weil der Metzgersohn zu müde war, außerdem habe man sich schon vor Reutlingen getrennt, da ihn, Laiblin, ein Fuhrknecht auf dem Wagen mitgenommen habe. Auch der wurde gefunden und bestätigte die Aussage des Gerbers. Die Tübinger blieben skeptisch, aber Reutlingen weigerte sich, den Sohn einer angesehenen Familie auf so vagen Verdacht hin auszuliefern.

Die Angelegenheit schien im Sand zu verlaufen, die Tübinger grollten, aber waren machtlos. Bis Laiblin heiratete, was ihm den Hass eines Färbers zuzog, der ebenfalls ein Auge auf die Braut geworfen hatte. Er schleuste Tübinger Büttel heimlich in die Stadt, die Laiblin festnahmen und in die Universitätsstadt brachten. Dort in den Kerker geworfen, dann vor Gericht gestellt, blieb jener bei seiner Geschichte. Die Tübinger Richter glaubten ihm nicht. Er wurde der Folter übergeben. Schwer gemartert gab er die Tat zu, doch widerrief er kurz darauf. Es nutzte nichts mehr. Er wurde enthauptet und dann auf das Rad geflochten, die Leiche hängengelassen, um öffentlich zu verrotten.

Derweilen verfiel der verräterische Färber dem Wahnsinn und in Sulz am Neckar gingen seltsame Dinge vor sich. Dort war seit einiger Zeit ein Mann schwer erkrankt, der durch Ansteckung bereits die ganze restliche Familie getötet hatte. Er selbst jedoch konnte nicht sterben. Schließlich gestand er einem Priester, er habe vor einiger Zeit beim Spiel Unmengen verloren und auf dem Heimweg einen Burschen getroffen, der offenbar Geld bei sich trug. Wie im Rausch habe er den jungen Mann überfallen und da dieser ihn erkannt hatte, schließlich erschlagen. Nach Laiblins Hinrichtung hatte ihn niemand mehr verdächtigt. Das Geständnis des kurz darauf Verstorbenen drang auch bis Tübingen und löste dort tiefstes Bedauern aus. Man hatte einen Unschuldigen hingerichtet. Zur Mahnung und Warnung wurde das Radfenster an der Kirche angebracht, um an den Justizirrtum zu

↑ Beherrscht die Stadt: die Stiftskirche
← Tübingen am Neckar

erinnern. Die Geschichte ist detailreich, nennt präzise Namen und Orte und spielt mit Sicherheit auf reale Rivalitäten zwischen der Residenzstadt Tübingen und der Reichsstadt Reutlingen an, doch ist sie gleichwohl keine Erfindung. Der Mann im Rad ist der heilige Georg, Namenspatron der Stiftskirche, dessen Martyrium hier gezeigt wird.

Ort Tübingen, Landkreis Tübingen (TÜ)

Charakteristik Das Radfenster der Stiftskirche gehört neben Hölderlinturm und der Festung Hohentübingen zu den Wahrzeichen der Stadt und hat Bewohner und Besucher schon immer zu Erklärungsversuchen herausgefordert.

Tipp Der fällt nicht schwer: das restliche Tübingen. Von der grausamen Geschichte kann man sich in der Neckarstadt beim Stadtbummel wieder etwas erholen.

Einkehr Tübingen

43 Das Steinerne Weib bei Wiesensteig

Die schwere Schuld

Das Steinerne Weib über dem Städtchen Wiesensteig erinnert tatsächlich auf den ersten Blick an eine hochaufragende Frau. In den Details sind sich die Betrachter dann aber doch uneinig. Während der eine schreibt, »sie setzt den rechten Fuß vorwärts, legt den rechten Arm über die Brust und hat ein lang herabwallendes Kleid an«, so erkennt der andere »die Gestalt einer Riesenfrau, welche einen Obstkorb auf dem Kopfe trägt«.

Als eine Frau aus Wiesensteig einmal beim Servieren des Mittagessens für ihren Mann den Löffel vergaß, war dieser so erbost, dass er laut wünschte: »Dass Du nur schon zu Stein würdest!« Was dann auch prompt geschah. Nun muss man wissen, dass der Löffel im Mittelalter oft das einzige Besteck und damit recht wichtig war, aber die Strafe scheint doch etwas arg hart.

Das ist in der zweiten Variante anders. Hier wird von einer Frau berichtet, die auf extreme Weise geizig war, sodass sie selbst ihren eigenen Kindern das bisschen tägliche Brot nicht gönnte. Stattdessen wünschte sie, die lästigen Mitesser endgültig los zu sein. »Ihr esst mich noch arm!«, klagte sie. Daraufhin führte sie die Frau die Felsen hoch, um sie schließlich dort hinabzustürzen. Nach vollendeter Tat jedoch konnte sie sich plötzlich nicht mehr von der Stelle bewegen und blieb als Felsen fortan für immer dort stehen.

Sind diese beiden Geschichten noch recht allgemein gehalten und nicht untypisch für Sagen, so greift die dritte auf tatsächliche Ereignisse aus der Wiesensteiger Historie zurück. Hier residierten einst die Grafen von Helfenstein, Mitte des 16. Jahrhunderts war dies Ulrich XVII. Er war ein klassischer Renaissance-Adliger, von hoher Bildung und wohl auch sehr fromm, weshalb er sich viele Gedanken um die Religion machte. 1555, relativ spät, führte Ulrich in Wiesensteig die Reformation ein. Dies stieß auf wenig Gegenliebe seitens der Stiftsherren des Wiesensteiger Klosters, selbst Ulrichs Frau schloss sich diesem Schwenk nicht an. Der Widerstand, aber auch eigene Bedenken führten schließlich dazu, dass Ulrich nach gut zwölf Jahren das Experiment Protestantismus wieder beendete und nun umgekehrt die Gegenreformation unterstützte.

Vielleicht bedingt oder verstärkt durch die religiösen Wirren kam es im Jahr 1563 in der Stadt zu Hexenverfolgungen, die solche Ausmaße annahmen, dass solch »warhafftige und erschreckliche Thaten« weit über die Region hinaus bekannt wurden. Es kann kaum verwundern, dass dieses erschütternde Ereignis im Gedächtnis der Stadt zurückblieb und auch in die Sage einging. Die kennt nämlich eine Dame höherer Herkunft, die in diesen schrecklichen Tagen sich als eifrige Denunziantin betätigte. Während sie sich selbst stets von jedem Verdacht reinwaschen konnte, bezichtigte sie unzählige Frauen der Hexerei. Als wieder einmal eine beträchtliche Anzahl auf ihre Verleumdung hin festgenommen worden war, erreichten die inhaftierten Frauen immerhin, dass noch ein Tag Aufschub gewährt werden sollte, um die Dame noch einmal zu befragen. Diese war in der Umgebung spazieren gegangen, doch als man sie aufsuchte, fand man sie nur noch als steinerne Säule vor. Die Gerichtsherren erkannten darin ein Gottesurteil, ließen die gefangenen Frauen frei und beendeten fortan die Hexenprozesse in Wiesensteig.

Ort Wiesensteig, Landkreis Göppingen (GP)

Charakteristik Eine bizarre Felsformation hat zu allerlei unterschiedlichen Interpretationen geführt: Wie und wieso wurde das »Steinerne Weib« in Fels verwandelt?

Tipp Auch wenn der Ort heute von der Autobahn und von Bahnbrücken dominiert wird, ist Wiesensteig ein Städtchen mit Charme geblieben, das geprägt ist von seiner doppeltürmigen ehemaligen Klosterkirche.

Einkehr Wiesensteig

↑ Wiesensteig
← Die doppeltürmige Klosterkirche

44 Der Wunnenstein bei Winzerhausen

Der Gleißende Wolf

Der Zusatz »der gleißende Wolf« kommt uns heute nicht nur veraltet, sondern auch seltsam vor, erinnert man sich doch noch dunkel daran, dass dieses Wort einen negativen Beigeschmack hat, es bedeutet »hinterlistig, herumstreichend«. Allerdings gibt es eine zweite Bedeutungsvariante, die mit unserem »glitzernd« eng verwandt ist. Nun muss man wissen, dass sich Wolf IV. von Wunnenstein diesen Namen in sehr jungen Jahren selbst zugelegt hat, weshalb er sich mit Sicherheit auf die zweite Interpretation bezieht, womöglich auf eine prächtige Rüstung.

Geboren wurde er um 1340, jedoch nicht auf der Stammburg Wunnenstein, denn an dieser hatte seine Familie bereits keine Rechte mehr. Umso fulminanter ist dann sein erster nennenswerter Auftritt in der Geschichte, der zugleich seinen Ruhm begründen wird. 1367 gehört er zu einer kleinen Verschwörergruppe von Adligen, die versuchte, Graf Eberhard II. von Württemberg bei einem Aufenthalt in Wildbad –

wohl das heutige Bad Teinach – zu entführen. Das Vorhaben misslingt knapp. Was wie ein Staatsstreich klingt, war damals ein nicht sonderlich ungewöhnliches Verhalten, Graf Eberhard war ein zwar mächtiger und sein Land ausbauender Adliger, aber es gab noch einige andere Konkurrenten, die mit der Entführung ein Zeichen setzen und nebenher ein üppiges Lösegeld kassieren wollten. Dazu zählte der Graf von Eberstein, die treibende Kraft hinter der Tat. Der Gleißende Wolf war nur ein verdingter Söldner in der Truppe des Ebersteiners – mit Folgen: Die nächsten Jahre musste er sich fern von Württemberg bei dem Grafen feindlich gesonnenen Fürsten herumtreiben, um der Gefangennahme zu entgehen.

So diente er einerseits brav als Amtmann in bischöflichem Auftrag, aber auch immer wieder gern als Plünderer, Entführer oder Söldnerführer in diversen Fehden auf eigene oder fremde Rechnung. Es lohnte sich, er kam durch seine Anteile zu Vermögen. Seinen späteren Ruf als Held verdankt er seinem Einsatz in der Schlacht von Döffingen 1388, als Graf Eberhard II. gegen den Bund der aufstrebenden Städte vorging. Es stand schlecht um das Fürstenheer, als plötzlich Entsatz auf das Feld stürmte – angeführt ausgerecht von Eberhards altem Feind, dem Gleißenden Wolf. Die Fürsten siegten, Eberhard und Wolf versöhnten sich, was den Gleißenden Wolf nicht hinderte, auf dem Nachhauseweg gleich wieder ein paar württembergische Bauern zu plündern.

Die Teilnahme des Gleißenden Wolfs an der Schlacht zu Döffingen ist umstritten, es gibt hierfür keinerlei historische Belege. Völlig auszuschließen ist sie jedoch nicht. Es wurde ruhiger um den Wunnensteiner, er starb 1413 und wurde schließlich Anfang des 19. Jahrhunderts von den schwäbischen Romantikern wieder zum Leben erweckt. Aus der zweifelhaft agierenden historischen Person wurde ein patriotischer Retter in der Not mit spitzbübischem Charakter. Der Wunnenstein geriet in den Fokus und wurde zum württembergischen Wallfahrtsberg.

Das mag ein später Trost sein, denn bei näherer Betrachtung ist dessen Geschichte in Verbindung mit den Wunnensteinern eigentlich eine des geradezu fluchtartigen Verfalls. Die Burg, die, wie erwähnt, zu Wolfs Zeiten schon nicht mehr im Besitz der Familie war, ist heute völlig verschwunden. Die Michaelskirche auf dem Berg, als Urpfarrei einst von zentraler Bedeutung, wurde erst zur Minipfarrei, dann zur Nebenkirche degradiert, auf Befehl des lutherischen Herzogs Christoph als abergläubisches Überbleibsel abgebrochen bis auf den Turm und den Friedhof, doch auch diese verfielen im Lauf des 18. Jahrhunderts. Der spätere Aussichtsturm enthält noch einige Steine seines geistlichen Vorgängers. Im benachbarten Beilstein wurde Wolf beigesetzt. Das Grabmal ist zwar noch vorhanden, aber schwer beschädigt. Die Magdalenenkirche, in der es sich befindet, wurde profaniert und ist nun Teil des Pfarrheims.

↖ Die Burg Wunnenstein ist verschwunden, sehenswert ist die benachbarte Lichtenberg.

Ort Winzerhausen, Landkreis Ludwigsburg (LB)

Charakteristik Der Wunnenstein ist eng verbunden mit der Geschichte des Gleißenden Wolfes, eines – tatsächlich existierenden – örtlichen Adligen von äußerst zweifelhaftem Ruf, der unerwartet zum Helden aufstieg.

Tipp Nicht weit entfernt liegt Oberstenfeld, dessen Kloster für Winzerhausen eine wichtige Rolle spielte. Die Stifts-, aber auch die Peterskirche – eine der ältesten in Württemberg – sind wie die Burg Lichtenberg äußerst sehenswert.

Einkehr Berggaststätte Wunnenstein

45 Winzingen bei Donzdorf

Der untote Tyrann

In Winzingen saßen seit Längerem die Herren von Rechberg zu Staufeneck, durch Heirat kamen die von Neuhausen in den Besitz der kleinen Herrschaft. Allerdings litten diese wohl Anfang des 17. Jahrhunderts unter finanziellen Problemen, weshalb sie das Territorium 1607 verkaufen mussten. Mit dem Hauptmann in württembergischen Diensten, Joachim Berthold von Roth, ging Winzingen immerhin an einen Verwandten über.

Der Militär von Roth entpuppte sich recht schnell als Mann ganz eigenen Charakters. Offenbar gewohnt zu befehlen und keinen Widerspruch zu dulden, zog er in der kleinen Ritterschaft bald ein despotisches Regiment auf. Auch das alte Schlossgebäude gefiel ihm nicht, ab 1610 wurde ein neues errichtet, dessen Baumeister von Roth – so die jedoch nicht urkundlich belegte Erzählung – kurzerhand erstach. Ob er mit dem Bau unzufrieden war oder die Bezahlung sparen wollte, sei dahingestellt.

In Winzingen herrschten unter dem Hauptmann Willkür und Rechtlosigkeit, was die Untertanen erstaunlich lange ertrugen. Einzig von kirchlicher Seite kam Kritik, was von Roth dazu bewog, urplötzlich einen Konfessionswechsel anzuordnen. Im Jahr 1620 erließ er den Befehl, die lutherische Religion einzuführen. Die katholischen Winzinger hatten endgültig genug: Sie vertrieben den Hauptmann. Der floh an den Hof seines einstigen Dienstherrn, des Herzogs von Württemberg, und kam von dort mit 500 Soldaten zurück. Das evangelische Bekenntnis wurde per Zwang eingeführt; wer sich weigerte, musste den Ort verlassen. Der erste protestantische Pfarrer, den von Roth bestellte, versuchte es mit Güte, weshalb der Priester den Ort auch nach sieben Monaten wieder verließ. Ein neuer Pfarrer musste her, auch er kein Scharfmacher, seiner Entlassung kam aber der Tod von Roths zuvor. 1621 war seine Schreckensherrschaft beendet – dachte man.

Schon die Beerdigung des verstorbenen Tyrannen deutete an, dass es mit seinem Terror noch lange kein Ende haben würde. Statt tot im Sarg zu liegen, blickte er plötzlich oben aus einem Schlossfenster heraus und rief den Winzingern einen Spruch zu, den sie in der Folge noch des Öfteren zu hören bekommen sollten: »Habt ihr mich schon, oder wollt ihr mich erst! Hui, dä, dä!« Dann setzte er sich, verwandelt in ein kleines grünes Männlein, auf den Sarg, der sich deshalb nicht mehr forttragen ließ – erst nachdem er mit Weihwasser bespritzt worden war.

Im Wald ging er umher und zerbrach dort knisternd und krachend die Äste, was ihm den Beinamen »Holzbrockeler« eintrug. In der wieder katholischen Kirche rumorte er schreiend und den Mesner quälend, sodass sich die Winzinger entschlossen, den fälligen Neubau komplett an einen anderen Ort zu verlegen. Und natürlich trieb er es am ärgsten in seiner alten Behausung, dem Schloss. Kaum jemand wollte darin noch wohnen oder arbeiten, musste man doch ständig damit rechnen, von unsichtbarer Hand geschlagen oder gezwickt zu werden, geschubst oder mit Füßen getreten, ganz abgesehen von dem Lärm, den der Geist durch sein Poltern und Schreien machte, immer wieder seinen alten Spruch und sein »Hui, dä, dä!« durch die Flure rufend.

Wurde von Roth erlöst? Die einen berichten, die Schlossherren hätten die Qualen nicht mehr ausgehalten und Schweizer Kapuziner herbeigerufen. Die Exorzisten bannten ihn nach schwerem Kampf in einen Baum, der hundert Jahre später vom Blitz getroffen wurde. Bekannter ist jedoch die Geschichte, dass der Holzbrockeler kurz nach seinem Tod auf den Bauern Reuteler traf, einen seiner wenigen Freunde in der Umgebung. Dieser gab sich äußerlich gelassen und grüßte freundlich – was sicher nicht leichtfiel, saß von Roth doch auf einem kopflosen Pferd umringt von zahlreichen schwarzen Hunden. Roth verschonte ihn mit den Worten, würde er ihn nicht kennen, hätte er ihn in Stücke zerrissen. Bauer Reuteler erbaute daraufhin für das Seelenheil seines Freundes die Reiterleskapelle. So die Sage. Das kleine Gotteshaus, geschmückt mit einem Fähnchen, das angeblich von Roth als Reiter zeigen soll, wurde allerdings erst 1714 erbaut und wohl nach den Stiftern, den Reutelers, benannt.

↖ Winzingen

Ort Winzingen, Landkreis Göppingen (GP)

Charakteristik Wie aus einem despotischen Tyrannen, der seine Untertanen misshandelt, eine nicht minder furchterregende Sagengestalt wird, kann man in Winzingen nacherleben.

Tipp Ein Besuch im benachbarten Donzdorf lohnt sich, vor allem aber ist die Umgebung von Winzingen hervorragendes Wanderland, wenn man sich nicht vor knackenden Ästen fürchtet.

Einkehr Landgasthof Heldenberg und in Donzdorf

Die Überreste des Schloss Neuenfels

Südschwarzwald und Oberrhein

46 Schloss Beuggen

Das Verlies des Findelkindes?

Das Massensterben hatte Folgen. An die 3300 Menschen fanden hier den Tod, einen ganz unheldenhaften, unspektakulären, anonymen. Seit 1813 hatte sich das Blatt für Napoleon I. gewendet, nun zogen alliierte Truppen gegen ihn in Richtung französischer und Schweizer Grenze, im Hinterland wurden Quartiere, aber vor allem auch notdürftige Spitäler errichtet. Beliebt waren für diesen Zweck vor Kurzem aufgelöste Klöster oder leer stehende Schlösser. Und so wurde auch die alte Ordensburg Beuggen, seit Kurzem im Besitz des badischen Staates, zum Lazarett erklärt, das mit einem Lazarett allerdings nicht mehr als den Namen gemein hatte. Es gab viel zu wenig Platz, viel zu wenig Ausstattung, viel zu wenig medizinische Versorgung. Die hierher eingelieferten Soldaten kamen, anders als sie es erhofften, nicht zur Genesung oder zum Auskurieren, sondern letztlich zum Sterben. Die engen und unhygienischen Verhältnisse verstärkten nur den Einzug von Seuchen aller Art. Pocken, Typhus, Durchfall, alles war dabei.

1815 ist der Krieg zu Ende. Das Lazarett in Beuggen wird aufgelöst. Erst 1911 errichtet man den Tausenden von Toten der Befreiungskriege im Schlosspark ein Denkmal. Das Schloss steht wieder leer, aber die Bevölkerung meidet den Ort. Im Inneren ist nichts mehr wie noch vor zehn Jahren, die Möbel und Einrichtungsgegenstände sind zerstört oder weggeschleppt, überall liegt vergammeltes Stroh herum, einstiges Lagermaterial der Kranken, natürlich hat sich auch niemand die Mühe gemacht, nach dem Verlassen Beuggens sauber zu machen, die Überbleibsel des Sterbens sind noch allerorten sicht- und riechbar: Blut- und Eiterflecken, Kot, Verwesungsgestank.

So stand es um 1815 mit dem einst mächtigen Schloss des Deutschen Ordens, das dieser 1246 hier errichtet hatte. Im Kern das Alte und Neue Schloss mit der angebauten barocken Kirche, drumherum im Halbkreis eine Reihe von Wirtschaftsgebäuden und Befestigungsanlagen, zusätzlich umgeben von einem schützenden Wassergraben. Es war ein Auf und Ab in den Zeiten, aber über 550 Jahre verwalteten die Ritter des Ordens von hier ihre Kommende, bis die Gemeinschaft 1809 aus dem sich auflösenden Reich vertrieben wurde. Schon kurz davor war Baden in den Besitz der Anlage gekommen, ohne recht zu wissen, was sie damit anfangen sollte.

Das Lazarett war nur ein kurzes, wenn auch schauerliches Kapitel der Beuggener Geschichte, aber man munkelt, was folgte, sei nicht minder scheußlich gewesen. Nach dem Auszug der Soldaten lebte auf dem Gelände lediglich noch der örtliche Pfarrer – sein Vorgänger war ebenfalls den Seuchen erlegen –, doch angeblich bald nicht mehr allein. Die bösen Intriganten des badischen Hofes, so das Gerücht, machten sich die Abgelegenheit des Schlosses von der Residenz Karlsruhe und die Furcht der Bevölkerung vor dem vermeintlichen Seuchenherd

↑ Im Schlosshof
← Direkt am Rheinufer liegt Schloss Beuggen.

Beuggen zunutze, um hier den jungen Thronfolger zu verstecken. Mit einer ungarisch-französischen Kinderfrau lebte er, nun um die drei Jahre alt, im Gartenhaus des Schlosses, das knapp vor den früheren Befestigungsanlagen direkt am Rhein liegt. Bekannt wurde er unter seinem Decknamen: Kaspar Hauser.

Den Anhängern der badischen Verschwörungstheorie vom ausgeschalteten rechtmäßigen Thronfolger dienen zwei Indizien als handfeste Beweise für Hausers Aufenthalt in Beuggen. Später, nach seinem Auftauchen in Nürnberg, zeichnete er dort ein Wappen, das ihm aus seiner frühesten Kindheit in Erinnerung geblieben war. Es zeigte in sehr einfachen Formen unten rechts ein stehendes Tier, links drei Balken, beides überlagert von gekreuzten Schwertern. Obenauf lagerte eine Art Krone mit Kreuz. Erinnerte dies nicht eindeutig an das Wappen des Komturs Johann Franz von Reinach, das an dem 1694 von ihm errichteten Beuggener Teehaus im Garten prangt?

Wappenstein aus Deutschordenszeiten

Nun – nur mit viel Fantasie. Aber das ließe sich natürlich mit dem sehr jungen Alter Hausers damals und der seitdem vergangenen Zeit erklären.

... und noch ein Wappen

Jeder Komtur hinterließ seine Hausmarke.

Und dann ist da die Flaschenpost. Am 22. September 1816 wurde diese von einem Schiffer am elsässischen Rheinufer bei Kembs gefunden, der sie an die örtlichen Behörden weiterreichte. Von dort ging sie nach Paris an den Polizeiminister. All das ist amtlich dokumentiert. Doch der Inhalt, wenige Zeilen auf Latein, blieb rätselhaft. Der Schreiber verkündete hier, er werde in einem unterirdischen Kerker bei Laufenburg festgehalten, grausam und sorgfältig bewacht, ohne dass der Inhaber des Thrones dies wisse.

Auch unterschrieben war der Zettel, aber so unleserlich, dass sich eine ganze Reihe möglicher Namen ergaben. Hieß es nicht »S. Hanes Sprancio«? Ganz klar ein Anagramm von »Sein Sohn Caspar«. Oder doch sogar »Hares Sprauca«? – Caspar Hauser! Und Laufenburg war die Nachbarstadt von Beuggen. Das Original der Schrift existiert nicht mehr, nur ein Zeitungsartikel und eine Abschrift, doch deutet diese insgesamt mehr auf französische als auf badische Thronstreitigkeiten hin. Wie dem auch sei, nach einigen Jahren zogen in jedem Fall wieder Kinder in Beuggen ein. Fortschrittlich gesinnte Schweizer Erzieher im Geiste der Reformpädagogik Pestalozzis gründeten hier ein Heim für Kinder und ein Seminar für Lehrer. Statt einem einsamen vermeintlichen Thronfolger lebten nun viele junge Menschen hier – frei und für jedermann sichtbar.

Ort Beuggen, Landkreis Lörrach (LÖ)

Charakteristik War Schloss Beuggen tatsächlich kurzzeitig das Gefängnis des versteckten legitimen großherzoglichen Thronfolgers Kaspar Hauser? Es liegen angebliche Beweise vor.

Tipp Nicht nur nahe Laufenburg, sondern auch nahe Rheinfelden liegt Beuggen. Beiden geteilten Rheinorten mit ihren mittelalterlichen Kernen sollte man einen Besuch abstatten.

Einkehr Beuggen und Rheinfelden

47 Enderlins Grab bei Bombach

Tödliche Mutprobe

Vor geraumer Zeit soll es nahe des heute zur Stadt Kenzingen gehörenden Dörfchens Bombach zu einer grausigen Mordtat gekommen sein: Hofrat Enderlin wurde dort umgebracht und an Ort und Stelle wohl zumindest zwischenzeitlich verscharrt, um das Verbrechen zu verschleiern. Als Enderlins Grab ist der Platz den Einwohnern der Gegend ebenso bekannt wie nachvollziehbarerweise nicht ganz geheuer.

Dies gab auch Anlass zu allerlei Frotzeleien vor allem unter den jungen Bombacherinnen und Bombachern, die sich über solche alten abergläubischen Gruselgeschichten natürlich lustig machten, während andere sich nicht ganz so sicher waren. Als es eines Abends wieder einmal zu einer Diskussion über Sinn und Unsinn der örtlichen Legenden kam, erbot sich eine junge Frau, die Probe aufs Exempel zu machen. Sie erklärte, keine Angst vor irgendwelchen Geistern zu haben, und deshalb werde sie in der Nacht zu Enderlins Grab gehen. Zum Beweis für ihre Anwesenheit werde sie einen Pfahl in den Hügel stecken, damit am nächsten Morgen alle sehen könnten, dass sie wirklich vor Ort gewesen sei.

Gesagt, getan. Nach Einbruch der Dunkelheit brach sie, mit einem angespitzten Stock bewehrt, auf und lief zu Enderlins Grab. Natürlich fühlte sie sich dort draußen allein in der Finsternis doch etwas unbehaglich, weshalb sie den Stecken schnell in das

Grab rammte und wieder weggehen wollte. Doch – sie kam nicht mehr weg! Irgendwas – irgendwer? – hielt sie am Grab fest. Enderlin! Auf ihr entsetztes Aufschreien kamen zwei Burschen gelaufen, die ihr heimlich aus Neugier gefolgt waren, um ihre Mutprobe zu überwachen. Sie rissen sie vom Grab, wobei ihr Kleid kaputtging. Sie hatte den Stock versehentlich in einen Rockzipfel gerammt und war deshalb nicht mehr fortgekommen. Die Rettung kam zu spät. So besessen von dem Schock, Enderlins Gespenst habe sie am Grab festhalten wollen, verfiel das Mädchen in Fieberwahn und verstarb nur wenige Tage später.

Sie haben noch nie von Enderlins Grab gehört und trotzdem kommt Ihnen die Geschichte bekannt vor? Das überrascht nicht, denn diese Sage wurde im Lauf der Zeit stets weitertradiert und gehört heute zum Fundus dessen, was wir als »moderne Sagen« oder noch besser »urbane Legenden« kennen. Meist unter dem Stichwort »Mutprobe« wird sie mit zeitgenössischen Personen berichtet: »Der Freund eines Bekannten hat mir von einem Mädchen erzählt …«

Ort Bombach, Landkreis Emmendingen (EM)

Charakteristik Über eine aus dem Ruder gelaufene Mutprobe mit tödlichem Ausgang berichtet die Geschichte von Enderlins Grab.

Tipp Kenzingen lockt mit einer sehenswerten Altstadt und einer schönen landschaftlichen Umgebung, geprägt vom Weinbau. Vermeintliche Gräber zwischen den Rebstöcken sind jedoch zu meiden.

Einkehr Bombach und Kenzingen

↑ Der Kenzinger Brunnen
← Kenzingen

↑ Stadtpfarrkirche Kenzingen

48 Ruine Neuenfels bei Britzingen

Mord und Versagen

Wo bleibt der Hund? Bisher konnten sich die Einwohner von Britzingen immer darauf verlassen, dass täglich zu gleicher Stunde der gut erzogene herrschaftliche Jaghund von der Burg herunter ins Dorf kam, einen Korb im Maul tragend, um Lebensmittel für die Bewohner des Ansitzes zu holen. Nun war er jedoch bereits seit drei Tagen ausgeblieben. Auch sonst hatte man keinen der übrigen – menschlichen – Burgbewohner in letzter Zeit gesehen. Getrieben von Neugier und Sorge machten sich einige der Britzinger auf zur Burg und fanden Schreckliches vor: Alle Mitglieder der Adelsfamilie lagen dort in ihrem Blut, dazu die Dienerschaft – und auch der vermisste Hund. Jemand hatte dort ein grausames Massaker angerichtet.

Die Episode mit dem Hund ist vermutlich eine spätere Zutat, aber der Kern der Geschichte – der Mord – entspricht dem tatsächlichen historischen Geschehen. Um 1540 fielen Christoph von Neuenfels, seine gesamte Familie und das Gesinde einer Bluttat zum Opfer, deren Ablauf und Hintergründe nie aufgeklärt, deren Täter nie gefasst wurden. Auch dass die acht Ermordeten erst nach drei Tagen gefunden wurden, entspricht dem Bericht einer um 1620 verfassten zuverlässigen Chronik. Für Burg Neuenfels besiegelte das Verbrechen ihr doppeltes Schicksal: Die Familie starb bald vollends aus.

Die Britzinger konnten vom Dorf aus nach 1540 dem Verfall ihrer Burg zusehen. Natürlich blieb der Ort nicht nur wegen der schauerlichen Geschichte um das ungesühnte Verbrechen mysteriös und faszinierend zugleich. So begab sich in der Zeit um das Jahr 1780 ein junger Schustergeselle zur Ruine. Kurz darauf traf er vor dem Gemäuer eine weißgekleidete Frau, die ihn ansprach. Ob es ihn denn nicht grusele und er hier zwischen den verfallenen Mauern keine Angst habe? Der Schuster verneinte, er wolle ja nur Nüsse sammeln und habe nichts Böses vor, also auch nichts zu befürchten. Diese Antwort gefiel der Frau und sie bat ihn, ihr zu folgen.

Neben einem Stein zeigte sich ein durch ein Gitter verschlossener Gang, den sie mithilfe eines Schlüssels öffnete. Tiefer im Inneren versperrten weitere Eisentüren jeweils drei Gewölbe, in denen ein Hund eine große Kiste bewachte. Die Begleiterin des Schusters öffnete mit ihren Schlüsseln die Türen, befahl den Hunden zu weichen und zeigte den jeweiligen Inhalt: einmal Silber, einmal Gold und einmal Schmuck. Vor der Höhle erläuterte die Frau ihre Bitte: Sie wolle von ihm erlöst werden und biete ihm dafür die gezeigten Schätze sowie das Versprechen auf immerwährendes Glück für ihn und seine Familie. Dafür müsse er an drei Samstagen hintereinander nach dem Gebetläuten zu dem ihm gezeigten vergitterten Eingang kommen und sie von dort hierher an diesen Platz auf dem Kopf tragen. Dabei solle er nicht reden und sich von nichts ablenken lassen. Der Geselle ließ sich darauf ein und erledigte seine Aufgabe an den ersten beiden Samstagen problemlos. Am dritten hörte er beim Anstieg auf den Burgberg merkwürdige Musik, zudem zog ein Gewitter auf. Doch er ließ sich nicht beirren, auch nicht, als ihm eine alte Frau entgegenkam, die ihn freundlich fragte, ob er ihr den Weg nach Britzingen zeigen könnte, wo sie als Köchin auf einer Hochzeit helfen solle. Der junge Mann gab keine Auskunft, schüttelte aber den Kopf über die Frau, der der Rotz tropfenartig aus der Nase hing, leise vor sich hin murmelnd: »Du magst mir eine schöne Köchin sein mit deiner silbernen Rotznase!« Da gab es ein schreckliches Donnern, die Alte war plötzlich verschwunden, und alles um den Schuster herum schien zu schwanken. Entsetzt wandte er sich zur Flucht, obwohl er in der Ferne das Fräulein von der Burg her rufen hörte, er solle durchhalten, es könne ihm nichts geschehen. Er erzählte die Geschichte noch seinem Meister, beichtete dann einem herbeigerufenen Priester und verstarb noch am selben Tag.

Ort Britzingen, Landkreis Breisgau-Hochschwarzwald (FR)

Charakteristik Eine historische Bluttat und eine vielleicht mit ihr zusammenhängende Sage sind mit der Ruine Neuenfels verbunden.

Tipp Von der Neuenfels ist es nicht weit bis Badenweiler. Schon die Römer nutzten es als Heilbad, wie die sichtbaren Überreste ihrer Thermen beweisen, und seitdem hat der Kurort nichts von seiner Attraktivität verloren.

Einkehr Britzingen oder Badenweiler

↑ Zeichnung der Burgruine Neuenfels
← Ruine Neuenfels

49 Die Entenburg

Der letzte Schnaufer

Sie hat ein seltsames Aussehen und einen noch seltsameren Namen: Die Entenburg im Donaueschinger Ortsteil Pfohren. Unzweifelhaft ist beides so auffällig wie wohl einmalig. Das Anwesen, heute noch am Rand Pfohrens gelegen, besteht aus einem großen Zentralbau mit vier Türmen an den Ecken, alles schön symmetrisch. Nur sind die Türme abgeflacht, sie reichen nicht über das zweite Stockwerk und somit das Hauptdach hinaus, das sich jeweils quer verlängert über sie legt. Ein kurioser Anblick – und bis heute ist die Frage ungeklärt, ob dies schon immer der Plan des Architekten war oder, wie Historiker aus der Erfahrung mit anderen Schlossbauten vermuten, die Türme einst hochgezogen und mit spitzen Dächern versehen waren. Schließlich hat die Entenburg im Lauf ihres Bestehens einiges mitgemacht, so sind ihr ihre Gräben und die umschließende Mauer abhandengekommen, warum also nicht auch die oberen Turmgeschosse?

Graf Heinrich IV. von Fürstenberg hatte sich 1471 das Schlösschen für seine Jagdvergnügen errichten lassen, zu gleichem Zwecke nutzte es auch sein Nachfolger Graf Wolfgang – und der hatte dort oft illustre

Gäste. Einer davon war – so wird berichtet – verantwortlich für die Namensgebung des Schlosses, das vorher nur als »Hus« in den Urkunden auftauchte. Niemand Geringeres als der mit Graf Wolfgang befreundete Kaiser Maximilian I. soll, nachdem er hier 1507 das erste Mal zu Gast als Jagdkumpan gewesen ist, den Pfohrener Bau »Entenburg« getauft haben. Es hatte ihm in Pfohren so gut gefallen, dass er 1510 noch einmal wiederkam, Wolfgang war verstorben, aber Jagen konnte man auch mit dessen Sohn Friedrich. Ein Kaiser ist natürlich trotzdem stets beschäftigt und kann sich nicht nur dem Vergnügen widmen, und deshalb ist ein Schreiben Maximilians überliefert, das er mit »escript en notre logis de Entbourch« zeichnete – »geschrieben in unserer Unterkunft Entenburg«.

Doch es gibt noch einen zweiten Kaiser, der mit der Entenburg in Verbindung gebracht wird. Karl der Dicke, Herrscher zu Zeiten, als es mit dem einst mächtigen Karolingerreich rapide bergab ging. Der König und spätere Kaiser war mit den enormen Belastungen einer harten Regierungstätigkeit überfordert, es fehlte ihm die Machtbasis und Durchsetzungskraft. So wurde er als ostfränkischer König bereits 887 von seinen Gegnern abgesetzt – und kam in unsere Gegend. Er zog sich in seine Pfalz nach Neudingen zurück, auch dieses Dorf ist heute ein Ortsteil von Donaueschingen. Dort ist er im Jahr darauf verstorben. Die Sage weiß dagegen, dass Karl in der Entenburg logierte und auf der Jagd – natürlich nach Enten! – in einem Morast am Donauufer elendiglich versunken ist. Seither ist er noch immer in der und um die Entenburg zwar nicht zu sehen, jedoch zu hören – deutlich sind des Nachts seine Schnaufer vernehmbar.

Ort Donaueschingen-Pfohren, Schwarzwald-Baar-Kreis (VS)

Charakteristik Hier ist alles ein bisschen seltsam. Der Name, das Aussehen und das örtliche Gespenst: Ein ehemaliger Kaiser, der sich durch lautes Schnaufen bemerkbar macht.

Tipp Kirche, Schloss und vor allem Park und Garten der Fürstenberger in Donaueschingen sind einen Besuch wert – in Letzterem befindet sich die berühmte Donauquelle.

Einkehr Donaueschingen

← Die Donauquelle …
→ … in geheimnisvolles Licht getaucht

50 Schloss Staufenberg

Leider bereits vergeben

Königswahlen waren im Mittelalter mit allerlei Festlichkeiten verbunden, zu denen auch Turniere gehörten. An einem solchen beteiligte sich auch der junge Adlige Peter Dimringer, der auf der Burg Staufenberg über Durbach beheimatet war. Er schlug sich mit solcher Bravour, dass er schließlich nicht nur den Wettkampf gewann, sondern die Aufmerksamkeit des frisch ernannten Königs erweckte. Dieser war so angetan, dass er ihm als besondere Auszeichnung seine Nichte als Gemahlin anbot. Doch statt diese Ehre freudig zu akzeptieren, schien Peter Dimringer geradezu entsetzt und verlegen, er suchte nach Ausreden – er sei als kleiner Ritter solch einer edlen Dame nicht würdig und ähnliches mehr. Aber der König ließ sich nicht von seinem Wunsch abbringen und auch die anderen Gäste bedrängten den Ritter, sich doch nicht solch eine Chance entgehen zu lassen und damit die neu gewonnene Gunst des Königs leichtfertig aufs Spiel zu setzen, zudem sei die Herzogin ja nicht nur eine gute Partie, sondern auch keineswegs unansehnlich. Verzweifelt gab Dimringer endlich nach und besiegelte damit sein Todesurteil.

Wie der König und die bei Hof Versammelten wollen natürlich auch wir wissen, was den jungen Ritter bewegte, dieses einmalige Angebot, das ihm nur Vorteile zu garantieren schien, so widerstrebend anzunehmen. Er selbst trug seine Gründe auf die Nachfragen schließlich folgendermaßen vor:

Auf dem Weg zum Pfingstgottesdienst sei er vor einigen Jahren von seiner Burg Staufenberg nach Nußbach geritten und habe dort am Wegesrand ein Mädchen von außergewöhnlicher Schönheit sitzen sehen. Er fragte sie nach Namen und Herkunft und erhielt eine sehr überraschende Antwort: Ihr Name sei Melusine und schon lange habe sie auf diese Begegnung mit ihm gewartet. Seit seiner Geburt schon habe sie stets über ihn gewacht und sei zu seinem Schutz immer in seiner Nähe gewesen. Peter Dimringer war schnell klar, dass die junge Dame überirdischer Natur war. Er wünschte, dass sie fortan für immer bei ihm bliebe und ihn überall hinbegleitete. Dies gewährte sie ihm gern, wo immer er auch sei, er brauche nur nach ihr zu rufen und sie würde erscheinen – bis an sein Lebensende. Doch nur unter einer Bedingung: Er dürfe sich nie verheiraten. Sollte er dies tun, werde er drei Tage später sterben.

Als Zeichen dieser Verbundenheit schenkte sie ihm einen Ring, zudem stattete sie ihn mit reichlich Gold aus, sodass er seine irdischen Sorgen los war. Auch sonst hielt sie ihre Versprechen. Sobald er nur sehnsüchtig an sie dachte, tauchte sie umgehend auf. Peter Dimringer selbst hielt ihr ebenfalls die Treue, obwohl seine Verwandten ihn stets bedrängten, doch endlich nach einer Braut Ausschau zu halten. Sämtliche Angebote lehnte er schroff ab.

In Frankfurt verstand man nach dieser Geschichte sein Zögern, ließ es aber nicht gelten. Im Gegenteil, die anwesenden Geistlichen redeten ihm ins Gewissen, dass solch eine Verbindung mit einem dämonischen Wesen teuflischer Herkunft und vor Gott ein Frevel war. Natürlich habe sie keinerlei Gültigkeit. Dimringer gab also nach. Doch Melusine hatte noch etwas prophezeit: Sollte er jemals heiraten, so werde sich ein Riss in der Decke bilden und dort ein Fuß erscheinen. Und so geschah es: Bei der Feier auf Burg Staufenberg öffnete sich plötzlich ein Spalt im Saal, aus dem ein schönes Mädchenbein herauslugte. Der Bräutigam erblickte die Warnung und wusste um sein Schicksal. Drei Tage später war er tot.

↑ Wein prägt Schloss Staufenberg.
← Schloss Staufenberg mit Blick auf die Weinberge

Ort Durbach, Ortenaukreis (OG)

Charakteristik Die Geschichte der Melusine war schon im Mittelalter ein Bestseller. Noch immer stellt sich die Frage: War sie eine bösartige Dämonin oder verdient sie unser Mitleid als betrogene Braut?

Tipp Peter Dimringers Weg nach Nußbach zur Kirche lohnt sich auch heute noch: Der Bau, ältestes Gotteshaus im Renchtal, weist Stilmerkmale vieler Epochen auf. Auf dem Weg dahin sollte man sich natürlich nicht von jungen Frauen ablenken lassen.

Einkehr Auf der Burg Staufenberg oder in Durbach

51 Der Alte Friedhof in Freiburg

Beim Haar der Todt ergreift den Kopf

Im Jahr 1683 war der Gottesacker der Stadt Freiburg verlegt worden, als sein Vorgänger Opfer der Festungsbauten des Franzosen Vauban wurde. An die 3500 Grabstätten wurden im Lauf der gut zweihundert Jahre errichtet, bevor ein noch größerer, neuer Friedhof 1872 an anderer Stelle in Betrieb genommen wurde. In etwa 1150 davon sind erhalten geblieben. Vom Barock über den Klassizismus bis zum Biedermeier reichen die Stilepochen der Sepulkralkultur, die sich heute dem Besucher als Park inmitten der Stadt präsentieren.

Dass die Fläche nicht als begehrter Bauplatz in bester Lage endete, soll auf das Testament des Barockkünstlers Johann Christian Wenzinger, gestorben 1797, zurückgehen, der der Stadt sein nicht unbeträchtliches Vermögen vermachte, aber nur unter der Bedingung, dass sein Grab an der vorhandenen Stelle auf immer erhalten bleibe. Nun, es ist erhalten und mit ihm der gesamte Friedhof drum herum.

Auch wenn er inzwischen wie eine Parkanlage daherkommt, ein Friedhof, noch dazu mit seinen vielen alten, besonders gestalteten, von Symbolik beherrschten Gräbern, bleibt natürlich ein unheimlicher Ort. Und gerade der Freiburger Gottesacker tut da doch einiges dafür, dass dies so bleibt. Bekannt und recht beliebt ist das Grab der »schlafenden Schönen«, der 16-jährigen Caroline Walter (1850–1867), die hier wie kurz eingeschlummert sanft auf ihrem steinernen Totenbett liegt, noch ein aufgeschlagenes Buch in der Hand. Für gewöhnlich ist ihr Grab mit frischen Blumen geschmückt, früher hieß es, dabei handele es sich um Liebesgaben ihres trostlosen Verehrers, von manchen als ihr Hauslehrer identifiziert, der ihr bis ins hohe Alter täglich noch immer die Verehrung erwies. Inzwischen haben andere Unbekannte diese Aufgabe übernommen.

Weniger herzerweichend ist die Geschichte um den Totenschädel am Kreuz vor der Friedhofskapelle, das ursprünglich am Münsterplatz stand. Der Skelettkopf zeigt einen geschlossenen Augapfel, noch vorhandene Haare, einen echten metallenen Stift und eine Kröte, die aus ihm hervorkriecht. Dass all dieses gruselige Inventar Erklärungsversuche hervorrief, verwundert nicht, und so glaubte man, der Schädel habe einem Schmied gehört, dessen junge Frau ihn mit seinem Gesellen nicht nur betrogen, sondern auch umgebracht habe. Auf perfide Weise haben die beiden ihm einen Nagel ins Gehirn getrieben und die Wunde anschließend unter dem Haarschopf verdeckt – erfolgreich. Die trauernde Witwe konnte ihren Liebhaber heiraten, bis ein Totengräber aufgrund einer Umbettung die Leiche ausgrub und den Nagel im Kopf entdeckte. Die Zweitehe endete gemeinsam auf dem Richtblock.

Naturgemäß fordert ein Friedhof ohnehin zum Nachdenken über den Tod auf, aber auf dem Alten Friedhof kann man diese Meditation noch weiterführen, indem man sich den Freiburger Totentanz in der Vorhalle der barocken Michaelskapelle ansieht. Zwölf Bilder berichten hier in sieben Abteilungen für die Lebensalter und fünf für die Stände von der Allmacht des Todes, der jederzeit zur Abholung des Menschen ins Jenseits bereit ist und keinerlei Rücksicht nimmt auf Jugend oder Greisenalter, Beruf oder Stellung, vom Schulkind bis zum Pfarrer; jeder muss ohne Aufschub und Widerspruch mit. »Das ABC kaumb schreibt der knab / Riefft ihn der Todt schon in das Grab«, heißt es unter anderem schonungslos offen unter einem der Bilder.

Ort Freiburg, Stadtkreis Freiburg (FR)

Charakteristik Er gilt als einer der schönsten und besterhaltenen seiner Zeit, der Alte Friedhof in Freiburg. Hier erzählt der Tod seine eigenen Geschichten.

Tipp Auf dem alten Friedhof befindet sich auch ein »Naturdenkmal« – ein noch recht junges. Ein 1999 vom Orkan Lothar gestürzter Baum erinnert nun recht passend auf seine Art an die Vergänglichkeit, aber auch an die Kraft des Lebens.

Einkehr Freiburg

↑ Kunstvoll gestaltete Grabmale
← Memento mori

52 Das Institut für Grenzgebiete der Psychologie und Psychohygiene

Geister unter dem Mikroskop

Es ist genaugenommen der unheimlichste Ort, den wir aufsuchen – oder derjenige, der das gesamte Buch überflüssig macht. Und dabei könnte er im Gegensatz zu all den Höhlen, Ruinen, Klöstern und Mordschauplätzen kaum unauffälliger und schlichter daherkommen: Es ist ein nüchterner moderner Bau, eingereiht in Häuserreihen der Freiburger Innenstadt. Aber das entspricht schließlich auch dem Prinzip des Instituts für Grenzgebiete der Psychologie und Psychohygiene (IGPP), das sich der nüchternen Untersuchung von Spuk, Hellseherei und anderen Phänomenen vermeintlich unerklärlicher Natur verschrieben hat.

Freiburg war geradezu prädestiniert, eine Forschungseinrichtung dieser Art aufzunehmen, schon im Jahr 1912 hatte sich der Medizinprofessor Max Schottelius vorgenommen, die angeblichen hellseherischen Fähigkeiten des damals berühmten Ludwig Kahn wissenschaftlich zu überprüfen. Ein eindeutiges Ergebnis kam nicht zustande, weder konnte er Kahn des Betrugs überführen, noch tatsächliche übersinnliche Kräfte eindeutig belegen. Einer gesamten Gruppe von Ärzten ging es 1931 nicht anders, als sie dem Medium Fred Marion auf den Zahn fühlten. Allerdings tendierten sie doch eher dazu, in ihm einen Betrüger zu sehen.

Der Grund war also bereitet, als 1950 der gebürtige Freiburger Hans Bender, ausgebildeter und promovierter Romanist, Philosoph, Psychologe und Mediziner das IGPP gründete, das mit der Universität verbunden war, die ihm den deutschlandweit einzigartigen Lehrstuhl für Parapsychologie einrichtete. Benders Ansatz war eine experimentell-sachliche Betrachtung übernatürlicher Phänomene, vorurteilsfrei sollte an Spukerscheinungen, übersinnliche Erfahrungen, Telepathie oder Hellseherei mit wissenschaftlichen Methoden herangegangen werden. Er hielt nicht nur Vorlesungen an der Universität, sondern war ein gern gesehener Vortragender, schrieb viel gelesene Bücher und war zudem oft auf Reisen, um vor Ort Erklärungen für das Unerklärliche nachzugehen.

Richtig recht machen konnten Bender und seine Mitarbeiter es beiden Seiten nie so ganz: Den Okkultisten und Geistergläubigen war das IGPP zu rational und skeptisch, viele Wissenschaftler dagegen fanden das Untersuchungsgebiet zu unseriös. Gleichwohl hatte Bender die Parapsychologie in Freiburg dauerhaft etabliert, auch nach seinem Tod 1991 existiert das IPGG weiter, untersucht unerklärliche Erscheinungen in der Gegenwart und Vergangenheit und besitzt die europaweit größte Bibliothek zu diesem Thema.

Ort Freiburg, Stadtkreis Freiburg (FR)

Charakteristik Hier fürchten sich auch Gespenster, denn im Freiburger IGPP werden sie einer nüchternen Analyse unterzogen. Aber auch Hellseher, Medien und Telepathen kommen dort unter die Lupe.

Tipp Sie werden von einem Poltergeist belästigt oder von Visionen geplagt? Die Parapsychologische Beratungsstelle in der Hildastraße kann Ihnen womöglich weiterhelfen.

Einkehr Freiburg

↑ Das Logo des IGPP
← Die nüchterne Fassade des IGPP

53 Grimmelshofen

Feuer über dem Wasser

Die Wutach, der Name scheint Programm, gehört zu den wildesten Flüssen des südlichen Bundeslandes – und früher gebärdete sie sich bei Weitem noch schlimmer. So idyllisch der Fluss in der bekannten Schlucht heute erscheint, so bedrohlich war (und ist) er teils noch immer durch Hochwasser und Murenabgänge auslösende Unterspülungen, froh konnte man sein, wenn es eine standfeste Brücke gab, die das rauschende Gewässer überquerte. So wie in Grimmelshofen. Und trotzdem war der Gang über das Bauwerk von einem mulmigen Gefühl begleitet, was nicht an den Naturkräften, sondern einem Bewacher aus dem Jenseits lag.

An der Brücke stand vor Zeiten, so heißt es, auch der Galgen der örtlichen Herrschaft. Und so war es nicht weit zum Tatort, wo ein Bauer, der angeblich einen Kaufmann, der bei ihm übernachtet hatte, auf der Brücke meuchelte und ihn hinunter in die Wutach warf. Ein anderer Einwohner hatte ihn jedoch beobachtet. Das Urteil war deshalb klar, da konnte der Angeklagte noch so sehr seine Unschuld beteuern: Er wurde hingerichtet. Doch Merkwürdiges geschah danach: Der Gehenkte blieb unversehrt, die üblicherweise auftauchenden Raben mieden den Ort. Ein Unbekannter oder eine Unbekannte erbarmte sich des Toten, knüpfte ihn heimlich ab und begrub ihn. Der Zeuge aber starb kurz nach dem Urteil. Als man ihn beerdigen wollte, sah man, dass drei Finger seiner rechten, der Schwurhand, abgefault waren. Damit war bewiesen: Er hatte einen

Meineid geschworen und einen Unschuldigen an den Galgen gebracht.

Fortan ging er als Brückensepp um, warnend und verantwortlich zugleich für die nächsten Unglücke auf der Wutachbrücke. Fast wie ein modernes Alarmsignal konnte man vor den Einstürzen des Baus drei Pfiffe hören. Verbürgt ist der Einsturz der Brücke im Herbst 1778 durch Hochwasser. Kaum wiederaufgebaut, zogen in den Revolutionskriegen Truppen über die Wutach und setzten sie 1799 in Brand. So die offizielle Version. Tatsächlich soll ein Besucher im Gasthaus, der seine rechte Hand stets versteckte, sich darüber mokiert haben, dass die Grimmelshofener ihre neue Brücke nun für sicher hielten. Als sie kurz darauf abbrannte, habe man den Fremden in den Flammen lachen sehen. Auch die Badener Revolutionäre der Jahre 1848/49 zogen über die Brücke, kaum überquert, war da als letzter Mann ein ihnen Unbekannter mit einer Fackel, der lachend die Brücke ansteckte. Er hielt seine rechte Hand auffällig verborgen.

Ort Grimmelshofen, Landkreis Waldshut-Tiengen (WT)

Charakteristik Eine langweilige Standardbrücke der B314 über die Wutach? Keineswegs. Das Bauwerk in Grimmelshofen wird von einem Fluch in Form eines meineidigen Gespenstes verfolgt.

Tipp Wer den Brückensepp nicht fürchtet oder Brücken meidet, der darf sich die Wanderung durch die kilometerlange Wutachschlucht nicht entgehen lassen. Wer sich lieber fahren lässt, dem sei die Wutachtalbahn, besser bekannt als Sauschwänzlebahn (Museumsbetrieb), empfohlen.

Einkehr »Zur Wutachschlucht« oder Stühlingen

↑ Die Wutach von oben
← Auch die Eisenbahn überquert die Wutach.

↑ Sollte man Wutachbrücken womöglich meiden?

54 Am Ölberg

In Teufelsküche geraten

Der Name klingt biblisch, aber weder kommen dort Olivenhaine vor, noch finden sich Bohrtürme, er ist wohl auf eine Verballhornung der dort sicher eher anzutreffenden Eulen zurückzuführen. Das macht die gut 415 Meter hohe Erhebung zwischen Ehrenstetten und Bollschweil nicht weniger geheimnisvoll, im Gegenteil, dort finden sich – mindestens – zwei sehr interessante Örtlichkeiten, die genug Rätselhaftes zu bieten haben.

Da ist die Burg Hauenfels, von der nicht wenige bestreiten, dass sie überhaupt jemals eine Burg gewesen sei. Schon der Name wird angezweifelt, auch er soll, über einige Veränderungen im Lauf der Zeit, auf die Eulen zurückgehen und somit ebenfalls den Berg, nicht eine Burg bezeichnen. Nun, wie auch immer, ein seltsames Gebäude ist am Westhang des Ölberges in jedem Fall zu finden, das in den Fels hineingebaut worden war. Die Erklärungsprobleme rühren auch daher, dass hierüber kaum schriftliche Quellen existieren und die Überreste im Lauf der Jahrhunderte bis in die jüngste Vergangenheit extrem gelitten haben. Bilder aus dem 19. Jahrhundert zeigen noch deutlich mehr Substanz, der Verfall ist massiv vorangeschritten.

Grobe Schätzungen lassen vermuten, dass das Felsengemäuer zwischen 1300 und 1600 bewohnt war. Ob nun als Höhlenburg des örtlichen Adels oder als Eremitenklause einsamer Einsiedler, darüber gehen die Meinungen auseinander. Später diente der Bau durch seine geschützte Lage der Bevölkerung aus der Umgebung in Kriegszeiten als Zufluchtsstätte, andererseits jedoch auch als Rückzugsort für eher lichtscheues Gesindel. Ob sich der eigentliche Zweck dieser Grottenburg noch jemals klären lassen wird? Völlig einig sind sich die Historiker und Archäologen dagegen über den Zweck der nicht wenigen Höhlen am Ölberg, wurden diese doch schon von unseren Vorfahren genutzt. Die Jäger und Sammler der späten Eiszeitjahre aus der Zeit um 35 000 v. Chr. wohnten hier nicht dauerhaft, sondern schlugen auf ihren Zügen und Jagden durch die Gegend hier in den geschützten Höhlen gern für einige Zeit ihr Quartier auf. Allerlei Überreste und Hinterlassenschaften der Steinzeitmenschen konnten aufgefunden werden. Womöglich stießen auch die Menschen des Mittelalters immer wieder mal auf Knochen und seltsame Werkzeuge in den Höhlen – ihre Erklärung hierfür war eine andere. Sie nannten die Felslöcher »Teufelsküche«.

Ort Gütighofen, Landkreis Breisgau-Hochschwarzwald (FR)

Charakteristik Eine umstrittene Grottenburg und die Küche des Höllenfürsten höchstpersönlich sind am Ölberg zu finden.

Tipp Der Ölberg liegt am Eingang des Hexentals, das zu Wanderungen einlädt. Ein besonders lohnenswertes Ziel ist St. Ulrich im Schwarzwald.

Einkehr Ehrenstetten und Bollschweil

↑ Die Ölbergkapelle
← Die Höhlen der Teufelsküche

55 Kirchzarten

Ritter Kunos Odyssee

Kuno von Falkenstein und seine Frau Ida führten eine sehr harmonische Ehe, der es jedoch an etwas sehr Wichtigem mangelte: Kindern. Dies war nicht nur eine Frage des persönlichen Glücks, sondern damit stand auch ein Aussterben der Familie im Raum, eine ernsthafte Bedrohung für Adlige, würden doch Besitz und Name auf immer verschwinden. Da sich an diesem Zustand nichts änderte, gelobte Kuno, sich auf einen Kreuzzug zu begeben. Er sagte seiner Frau, sollte er in sieben Jahren nicht zurück sein, dann sei er gefallen und sie brauche nicht mehr auf ihn zu warten. Daraufhin zog er seinen Ehering vom Finger und teilte ihn.

Kunos Vorhaben endete im Desaster. Im Heiligen Land geriet er in sarazenische Gefangenschaft. Erst nach langer Zeit gelang ihm die Flucht, die sieben Jahre waren fast um – und er war ja noch immer Tausende Kilometer entfernt von der Heimat. Von der Sklavenarbeit geschwächt und mit der Umgebung nicht vertraut, kam er nur mühsam voran, Kuno war am Verzweifeln, ihm blieb kaum noch Zeit bis zum Verstreichen der Frist. Da trat ihm plötzlich ein Mann entgegen. Dieser machte ihm ein Angebot, das Kuno nicht ablehnen konnte: Er, der Teufel, würde ihm ermöglichen, binnen eines Tages zuhause zu sein – sollte er auf der Reise jedoch einschlafen, so gehöre bei Ankunft Kunos Seele ihm. Der Ritter ließ sich darauf ein – und sofort stand ein Löwe bereit, auf den er sich setzen sollte. Er tat wie geheißen und los ging ein Flug über Meer und Land.

Aber der Weg in den Schwarzwald war weit und auch ein fliegender Löwe ist kein Düsenjet. Kuno merkte, wie ihn die Müdigkeit mehr und mehr übermannte, er drohte jeden Moment einzuschlummern. Da kam vom Himmel ein Falke herabgestoßen, der den Ritter mit den Flügeln strich, sobald der Zeichen des Einschlafens erkennen ließ – oder ihn gar, wenn es ganz hart kam, mit dem Schnabel pickte.

Das seltsame Flugobjekt landete inmitten von Kirchzarten, wo der Leibhaftige am örtlichen Gasthof wartete. Voller Ärger musste dieser feststellen, dass Kuno keineswegs schlafend auf dem Rücken des Löwen lag, sondern wach von diesem abstieg. Im Zorn packte er einen Felsbrocken und warf ihn nach dem Ritter, verfehlte ihn jedoch. Diese Gefahr war überstanden, doch Kuno musste ja noch weiter bis zu seiner Heimatburg.

Dort angekommen, wollte man den verkommen aussehenden Kerl nicht einlassen, der um einen erfrischenden Trunk bat. Erst recht nicht, da gerade Hochzeitsfeierlichkeiten stattfanden. Aber die Braut wollte am Festtag, dass alle fröhlich seien und ließ dem Bettler einen Becher bringen. Dieser trank ihn aus und ließ dabei den halben Ehering hineingleiten. Als Ida das Gefäß zurückerhielt, erkannte sie das Ringstück, hielt ihre eigene Hälfte hinzu – und schon war das Schmuckstück wieder unversehrt komplett – wie die Eheleute wieder vereint.

Eine sehr schöne Geschichte, aber eben nur eine Geschichte. Tatsächlich? In der Pfarrkirche von Kirchzarten steht ein Grabstein, der Mitte des 14. Jahrhunderts entstammend. Er zeigt einen frommen Ritter in zeittypischer Rüstung, stehend auf – einem Löwen. Die gut erhaltene Aufschrift verrät uns, dass es sich um niemand Geringeren handelt als, natürlich: Kuno von Falkenstein, gestorben im Jahr 1343. Wir wissen auch, dass dieser zwei Kinder hatte, aber die können ja nach der Rückkehr geboren worden sein. Beide, ein Sohn und eine Tochter, traten übrigens ins Kloster ein, weshalb die Falkensteiner schließlich doch im späten 14. Jahrhundert ausstarben. Das ist Ihnen nicht Beweis genug? Dann gehen Sie zum Gasthaus Fortuna. Dort ist deutlich in der Hausecke der Felsbrocken zu sehen, den der verärgerte Teufel nach Kuno geworfen hat.

↑ Maske an der Kirche Kirchzarten
← Inneres der Pfarrkirche Kirchzarten

Ort Kirchzarten, Landkreis Breisgau-Hochschwarzwald (FR)

Charakteristik Die Sage berichtet von Ritter Kuno von Falkenstein, einem Kreuzritter, der verzweifelt um seine Ehe kämpfte. Nur eine hübsche Geschichte? Sein Grabstein findet sich tatsächlich in der Pfarrkirche von Kirchzarten.

Tipp Da wir schon am Aus- bzw. Eingang des Höllentals sind, kann die Erkundung dieses berühmten Schwarzwaldtals am besten gleich weitergehen.

Einkehr Kirchzarten

56 Kloster Allerheiligen

Ruinenromantik mit Nebenwirkungen

Im Jahr 1470 brannte das Prämonstratenserkloster Allerheiligen ab, unschön, aber nicht wenige Mönche sahen darin eine lang gehegte Chance: Da man somit ohnehin zwischenzeitlich nach Lautenbach ausweichen musste, warum eigentlich nicht gleich hierbleiben? Es gab hier bereits ein Priorat des Klosters, eine frisch erbaute prächtige und Einnahmen versprechende Wallfahrtskirche, vor allem war man hier unten im Tal, in einem Dorf, statt dort oben in der Enge des Schwarzwalds, schwer zugänglich, abgeschnitten, schlecht versorgt. Und da das Kloster ohnehin abgebrannt war … Vierzehn Jahre lang konnten die Mönche buchstäblich auf eine Verbesserung ihrer Lage hoffen – dann kam von der Ordensleitung das Verdikt, an den früheren, wiederhergestellten Ort zurückzukehren. Und damit nicht wieder irgendwann neue Gedanken an Umzug aufkamen, musste der Konvent schwören, den Standort niemals aufzugeben.

Das war durchaus nötig, denn schon 1555 folgte die nächste Brandkatastrophe, am Ende desselben Jahrhunderts drohte die Vertreibung durch einen protestantischen Landesherrn. Beides wurde ausgestanden. Aber warum lag das Kloster überhaupt so ungünstig? Dies war Ende des 12. Jahrhunderts auf Wunsch der Gründerin Uta von Schauenburg erfolgt, die sich damit, wie erwähnt, im Einklang mit den strengen Ordensregeln befand. Die Legende weiß Genaueres.

Um einen geeigneten und gottgefälligen Platz für ihre Stiftung herauszufinden, hatte Uta von ihrem Ansitz – der Schauenburg bei Oberkirch – einen mit einem Sack voll Gold beladenen Esel losgeschickt. Dort, wo er seine Last abwerfen würde, sollte das Kloster entstehen. Das Tier lief erst einmal bergan, hoch auf den Sohlberg. Das war anstrengend und so bekam der Esel Durst, er schabte am Boden und Wasser sprudelte hervor: Der Eselsbrunnen war entstanden. Er trabte nun weiter und legte sich schließlich auf einer Passhöhe nieder. Der Sack rutschte ab und glitt bis ins Tal – der Standort war gefunden, auf der Passhöhe wurde die St.-Ursula-Kapelle errichtet, dort unten jedoch das Kloster.

1802 musste Allerheiligen auf Druck Badens trotzdem aufgegeben werden, 1804 schlug dann der Blitz ein, zerstörte zahlreiche Klostergebäude und beschädigte die Kirche. Diese wurde zwar notdürftig wiederhergestellt, verfiel aber schließlich doch rapide, als dort keine Gottesdienste mehr stattfanden. Die Romantiker entdeckten die Ruine wieder; in Verbindung mit den nahegelegenen, zu Klosterzeiten völlig unzugänglichen Wasserfällen wurde Allerheiligen zu einem der beliebtesten Touristenziele der Region. Wer in Baden-Baden zur Kur war und etwas gelten wollte, der musste auch zum alten Kloster hoch. Die verschiedenen Sagen um die Ruine dürften das romantische Idyll nur noch gestärkt haben.

Es haben bei Weitem nicht alle Mönche das Kloster verlassen. Im Wald geht »Bruder Pauli« umher, der das nicht gerade geistliche Amt des Wilderers ausübte und deshalb heute noch auf seinen früheren Pfaden zu finden ist, um Wanderer, Pilze- und Beerensammler zu belästigen. Wer ihm entkommt, trifft womöglich an anderer Stelle auf den Moospfaff, einen ungeschickten Kollegen Paulis, der einst auf einem Versehgang die heilige Hostie verlor und nun dazu verdammt ist, diese auf ewig zu suchen. Aus Frust macht er es sich angelegen, Spaziergänger in die Irre zu führen.

Ort Oppenau, Ortenaukreis (OG)

Charakteristik Dass die Klosterruine von Allerheiligen romantische Gefühle hervorruft, wird kaum jemanden überraschen. Aber auch die schwarze Romantik ist an diesem Ort nicht fern.

Tipp Die erwähnte Kirche von Lautenbach wurde auf Geheiß der Mönche von Allerheiligen erbaut, sie ist ein beeindruckendes Zeugnis der Spätgotik – und anders als das Kloster noch erhalten.

Einkehr Lautenbach und Oberkirch

→ Allerheiligen – ein mystisch-geheimnisvoller Ort
← Klosterruine Allerheiligen

57 Der Mummelsee

Blutige Wasser

Eine der vielen Legenden um den Mummelsee beruht zumindest auf direkter Beobachtung: Es heißt, würde man hier Fische hineinsetzen, so verschwänden diese im schlechteren Falle für immer, im besseren würden sie sofort das Weite suchen und über den Ablauf das Gewässer schnurstracks verlassen. Sie tun tatsächlich gut daran, denn der Mummelsee hat einen so niedrigen ph-Wert, dass er sauer und sehr nährstoffarm ist, sodass er kaum Leben enthält und erhält. Biologisches Überleben im See ist also schwierig, aber das heißt natürlich keineswegs, dass sich in seinem Inneren nicht so einiges abspielt.

Da wir aber schon einmal mit nüchternen Erklärungen angefangen haben, seien die statistischen Daten gleich noch mitgeliefert: Auf gut 1030 Metern Höhe gelegen, nahe der Hornisgrinde, der höchsten Erhebung des Nordschwarzwalds (1164 m), ist der Mummelsee an mehreren Seiten von Steilufer umgeben und war in früheren Zeiten nur schwer zugänglich, was sich inzwischen deutlich geändert hat. Ein erstes Hotel, damals nur zu Fuß erreichbar, war schon Ende des 19. Jahrhunderts erbaut worden, der Einfluss der Schriftsteller, die den Mummelsee zum geheimnisvollen Objekt der schwarzen Romantik erhoben hatten, sorgte für immer größeres Interesse an dem Gewässer hoch oben im Schwarzwald.
3,7 Hektar ist er groß, knapp 18 Meter tief. Ende der Statistik.

Zurück zu den Legenden. Frischgefischter Fisch von nebenan kann im Hotel also nicht serviert werden, aber wer dort Bohnen serviert bekommt oder im Obstkorb eine Banane findet, der könnte – das ist keine Aufforderung, dies auch zu tun! – überprüfen, ob es stimmt, dass alle krummen Dinge, die man in das Wasser hineinhält, gerade wieder herauskommen. Auch umgekehrt soll dies funktionieren, Gerades wird gebogen. Allerdings ist es mit dem Hineinstecken oder gar -werfen von Dingen in den Mummelsee, und seien es nur Steine, eine äußerst gefährliche Sache, nicht nur aus Umweltschutzgründen. Es heißt, sobald man etwas in das Wasser wirft, ändere sich das Wetter schlagartig, und in Sekundenschnelle ziehen bösartige, oft mehrtägige Gewitter herauf.

Und dann sind da ja noch die Bewohner des Sees, die sich zurecht von solchen unerwünschten Störungen belästigt fühlen dürften. Damit sind natürlich nicht die Hotelbesucher gemeint, sondern die Wassermännlein und Mümmlein, die viel längere Anrechte auf die dubiose Schönheit des Sees haben. Früher waren es eher die männlichen Vertreter, die sich bemerkbar machten, an sich gutmütige kleine Gestalten, die sich selten blicken ließen, aber für Hilfsbereitschaft dankbar erwiesen. So übergab einmal ein Wassermännlein, das mit Unterstützung zweier zufällig anwesender Burschen einen dem See entstiegenen Stier wieder einfangen konnte, jedem der beiden einen Stein. Nicht gerade ein Geschenk, dass junge Männer glücklich macht, obwohl der kleine Kerl versprach, die Steine hätten Heilkräfte. Der eine

Ort Seebach, Ortenaukreis (OG)

Charakteristik Als »lebensfeindlich« bezeichnen die Naturwissenschaftler den Mummelsee. Aber das ist kein Problem für seine Bewohner, die Seemännlein und Mümmlein.

Tipp Vom Mummelsee ist es, wie erwähnt, nicht mehr weit bis zur Hornisgrinde. Von höchster Stelle hat man hier einen weiten Ausblick auf den Schwarzwald und das Rheintal.

Einkehr Am Mummelsee

↑ Blutrote Färbung: Dämmerung am Mummelsee
← Nebel am Mummelsee

warf sein Exemplar gleich wieder fort, es fiel hinunter bis ins Tal, wo es eine heiße Quelle aufriss, heute als Baden-Baden bekannt. Der andere ging so nachlässig mit seinem Stein um, dass er ihn irgendwann verlor, er blieb an dem Ort liegen, den wir jetzt als Wildbad kennen. Ein anderer Wasserzwerg übernachtete einst bei einem Bauern, um sich am nächsten Tag wieder auf die Suche nach seiner verschwundenen Gattin zu machen. Sein Gastgeber begleitete ihn bis zum See, wo er auf ihn warten sollte. Doch es passierte lange nichts, bis sich an der Oberfläche des Wassers eine große Blutlache ausbreitete. Das Wassermännlein kam nicht wieder.

Die Blutlache auf der Wasseroberfläche ist ein wiederkehrendes Motiv der Mummelseesagen, die meist tragisch enden. Natürlich sind die dortigen Seejungfrauen, die Mümmlein, die bekanntesten Spukgestalten, die mit dem Gewässer verbunden sind. Die Geschichten um sie sind an sich traditionell, wie wir sie auch von anderen Seen kennen. Die Mümmlein kommen abends zum Spinnen mit ins Dorf, müssen aber zu einem bestimmten Zeitpunkt zurück sein. Als sie dies einmal, durch List oder Vergessen, nicht beachteten, war am nächsten Tag auf dem See nur die erwähnte Blutlache zu sehen. Auch die verführerische Seejungfrau gibt es, die einen jungen Burschen verliebt macht, auch sie verstößt gegen die Gebote des unterirdischen Seekönigs und auch sie endet als blutiger Fleck – in der etwas dämonischeren Variante ist es der Jüngling, der auf diese Weise für immer verschwindet.

Wer sich auf den See begibt, dem droht stets die Gefahr, in die Tiefe geholt zu werden, was die Tretbootfahrer unserer Tage beherzigen sollten. Große Literaten wie Grimmelshausen und allen voran Mörike mit seinen »Geistern vom Mummelsee« erhöhten die Anziehungskraft des Schwarzwaldgewässers, von dem zu bestimmten Zeiten im Jahr kaum mehr behauptet werden kann, er liege still, einsam und verlassen. Das angrenzende Hotel ist 2008 abgebrannt, wurde jedoch noch großzügiger wieder aufgebaut. Die Schwarzwaldhochstraße führt nah vorbei, der urige Wanderweg um den See wurde vor wenigen Jahren für bequeme Runden ausgebaut. All das ist vielleicht ein Grund, warum in letzter Zeit kaum noch Berichte von Seemännlein und Wasserjungfrauen zu hören sind.

→ Verführerische Gefahr durch Seemümmlein?

← Oft nur einen Steinwurf entfernt: Wetterumschwung am Mummelsee

58 Tennenbach

Das Unglückskloster

Einsam war das Tal westlich von Emmendingen schon immer. Heute hat sich das kaum geändert, im Gegenteil, nun steht sie dort ganz allein, die gotische Kapelle, der einzig sichtbare Überrest des einst mächtigen Klosters Tennenbach. Fast ein Idyll, würde man nicht die Geschichte der Niederlassung kennen. Wer genauer hinschaut, der wird bemerken, dass das kleine Gotteshaus einst Teil eines viel größeren Komplexes war, der längst verschwunden ist.

Nach erfolgversprechenden Anfängen geriet um 1348 auch Tennenbach in den allgemeinen Strudel ökonomischer Krisen, konnte sich aber noch recht gut halten. Dann begann die lange Reihe von Zerstörungen, erstmals sollen 1444 französische Söldner das Kloster in Schutt und Asche gelegt haben, in jedem Fall geschah dies 1525 durch die einheimischen Bauern. Die Klostergebäude wurden geplündert und zerlegt, nur die Kirche wurde verschont. Damit waren die Ressourcen des Konvents endgültig aufgebraucht, der Wiederaufbau zog sich in die Länge. Die Reformation im Umland sorgte für weitere Unruhe.

Auch für Tennenbach blieben die Zeiten hart. Der Dreißigjährige Krieg brachte die nächste Zerstörungswelle. Über Jahrzehnte war das Kloster von Mönchen verwaist.

Wieder musste mühsam alles neu aufgebaut werden, spätere Brände sorgten für weitere Rückschläge, aber andererseits auch für neue barocke Bauten des berühmten Architekten Peter Thumb. Der unermüdliche Einsatz des Abtes, der sogar beim Kaiser persönlich vorsprach, konnte 1782 die Aufhebung verhindern – aber nur um gut zwanzig Jahre. Mit dem Übergang an Baden wurde der Konvent 1806 aufgelöst.

Was tun mit der großen Anlage im einsamen Tal? Niemand wollte das Areal kaufen. Die Klosterangestellten mit ihren Familien wohnten noch dort, hatten aber keine Arbeit mehr. Zwischenzeitlich wurde ein Feldhospital einquartiert, vor allem österreichische und bayerische Soldaten lagen hier im Jahr 1813/14. Der Tod erhielt vor allem durch Seuchen reichlich Ernte, wie Gedächtnisgrabmale bei der Kapelle in Erinnerung rufen. Die Soldaten gingen wieder, die ehemaligen Klostermitarbeiter waren immer noch da. Sie hatten kein Heimatrecht und waren inzwischen zu einem verschworenen Haufen mit äußerst zweifelhaftem Ruf heruntergekommen. Der badische Staat mühte sich lange, diese »Kolonie« aufzulösen, »Tennenbacher« war zum Schimpfwort für übles Räubergesindel in der Region geworden. Baden kaufte schließlich Bürgerrechte ein – manche Tennenbacher wanderten auch nach Amerika aus.

Die Klostergebäude wurden schließlich abgebrochen. Bis auf die Kapelle – und die große romanische Klosterkirche. Die wurde kurzerhand 1829 als erste evangelische Stadtkirche für Freiburg abtransportiert und dort neu unter dem Namen Ludwigskirche wiederaufgebaut. Sie hatte einige Veränderungen erfahren, hielt aber so die Erinnerung an das Kloster Tennenbach an prominenter Stelle wach. Bis 1944. Im Bombenangriff auf Freiburg wurde sie komplett zerstört.

Ort Tennenbach, Landkreis Emmendingen (EM)

Charakteristik Kloster Tennenbach war einst eine reiche Abtei. Nach Kriegszerstörungen, Religionswirren, Aufhebung und Bombenhagel blieb von ihr nicht mehr als eine kleine Kapelle.

Tipp In der Nähe der Kapelle steht das Landgasthaus Engel. Teile der Gebäude gehören ebenfalls zu den wenigen Überresten des Klosters Tennenbach.

Einkehr Landgasthaus Engel oder in Emmendingen

↑ Vereinsamter Tennenbacher-Überrest in Freiburg
← Die verbliebene Kapelle in Tennenbach

59 Magdalenenberg und Warenburg

Aufforderung zum Tanz

In unseren Tagen ist das eigentlich Spektakuläre unter dem Erdboden zu finden. Auf der Oberfläche erscheint der Magdalenenberg südwestlich von Villingen nicht sehr aufregend, wüsste man nicht, was sich darunter alles verbirgt beziehungsweise verbarg. Denn tatsächlich handelt es sich bei der sanften Kuppe um einen der größten Grabhügel in ganz Mitteleuropa. Dank moderner Untersuchungsmethoden können die Archäologen seine Entstehung sogar exakt datieren: Im Jahr 616 v. Chr. wurde hier ein offensichtlich bedeutender Fürst der Kelten begraben. Ganze 102 Meter Länge weist der Hügel auf und immerhin 8 Meter Höhe. Die ebenfalls recht geräumige Grabkammer war allerdings für die Forscher nicht mehr unbedingt eine Fundgrube: Schon wenige Jahrzehnte nach der Errichtung war das sicher reich ausgestattete Grab geplündert worden. Allzu groß scheint der Respekt vor dem Toten da nicht mehr gewesen zu sein – die Grabräuber ließen nach vollendeter Tat sogar ihr Arbeitsgerät liegen. Immerhin blieb der Fürst nicht allein auf seinem Berg, noch 126 andere Mitglieder der Gemeinschaft, über die man sonst wenig weiß, wurden im Lauf der Zeit um ihn herum beerdigt.

Etwas weiter östlich liegt die Warenburg, auch sie inzwischen eher unterirdisch, nur spärliche Mauerreste künden von dem einstigen Ansitz vor den Mauern der Stadt.

Ort Villingen, Schwarzwald-Baar-Kreis (VS)

Charakteristik Es sind Orte mit langer Vergangenheit, doch der Magdalenenberg und die Warenburg am Stadtrand von Villingen dienten angeblich noch ganz anderen Zwecken.

Tipp Die Funde vom Magdalenenberg kann man im Villinger Franziskanermuseum begutachten, von dort führt auch ein Keltenpfad hoch zum Grabhügel.

Einkehr Villingen

Anders als beim Grabhügel rätseln die Historiker hier über die Entstehung, allerlei Theorien sind im Umlauf, über eine Gründung durch die Karolinger, die Zähringer, die Fürstenberg wird spekuliert, die Lage so nah vor der selbstbewussten Stadt erschien stets seltsam, würde diese doch kaum eine Feste direkt vor ihren Toren dulden. Aber die Quellen sind dünn, 1320 wurde die Warenburg erstmals erwähnt, irgendwann wurde sie, wohl auf Geheiß der Stadt Villingen, endgültig zerstört, die dazugehörigen Ökonomiegebäude wurden im Dreißigjährigen Krieg vorsichtshalber abgebrochen, um Belagerern nicht als Schutz zu dienen.

Zu unheimlichen Orten macht beide Plätze ihre Rolle in den Villinger Hexenprozessen. Während des Dreißigjährigen Krieges wurden in der Stadt an die sechzig Hexen und Hexer vor Gericht gestellt, viele davon gefoltert. Nicht wenige von ihnen gestanden, sich zu den üblichen Hexentänzen und Versammlungen mit dem Teufel getroffen zu haben. Bevorzugte Plätze für diese nächtlichen Rendez-Vous, Sie ahnen es, waren der Magdalenenberg und die Ruine der Warenburg.

Verborgen sind die Überreste der Vergangenheit.

↑ Blick vom Magdalenenberg im Sommer
← Der Magdalenenberg bei Villingen

60 Der Kandel

Breisgauer Blocksberg

Es gibt Geschichten, die sind zu unglaubhaft, würde man sie sich ausdenken. Der Kandel, mit 1241 Metern höchster Berg im mittleren Schwarzwald, hat die Menschen aufgrund seiner exponierten und daher recht auffälligen Lage schon immer beschäftigt. Nebelumrankt, teils schroff gegen die ihn umgebenden Täler abfallend, übte er eine Faszination aus, die sich mit allerlei Befürchtungen verband. Am 30. April 1981 wurden sie wahr. Mitten in der Nacht brach der obere Teil des Kandelfelsens ab und fiel krachend in die Tiefe. Und nicht nur das: In den herabgestürzten Gesteinsmassen fand sich ein Reisigbesen.

Es war somit alles so, wie es schon seit Jahrhunderten prophezeit wurde: Der Kandel gilt seit jeher als der Hexenversammlungsplatz des Breisgaus, hier tanzten und feierten die Magier und Zauberinnen, vergnügten sich in schmutzigen Orgien und in schändlicher Verehrung ihres Meisters, des Teufels. Niemand dürfte sich also wundern, wenn der Kandelfelsen ausgerechnet in der Walpurgisnacht zum 1. Mai in einem Höllenlärm ins Tal fährt. Und gibt es einen besseren Beleg als den aufgefundenen Besen, das Attribut der Hexen, das jedes Kind kennt?

Doch die Vorhersagen waren sogar noch viel präziser. In verschiedenen Variationen gibt es Geschichten, die von eben solch einem Zusammenbruch des Kandelfelsens berichten. Allgemein ging man in der Bevölkerung der Umgebung davon aus, dass sich im Inneren des Kandel ein See befindet. Bislang sind zwar alle Unternehmungen des Teufels, den Kandelsee aus dem Inneren herausstürzen zu lassen, kläglich gescheitert, doch bestand weiterhin die Furcht, dass er eines Tages ausbrechen und die Täler drumherum überfluten könnte.

In jener Nacht zum 1. Mai 1981 schien es dann schließlich soweit zu sein. Doch den gut 2000 Kubikmetern Felsgestein folgten keine Wasserfluten – und aufgrund der nächtlichen Stunde blieben glücklicherweise auch andere schwere Konsequenzen aus. Seegläubige munkelten, es sei nur deshalb nicht zur Überschwemmungskatastrophe gekommen, weil nur der obere Teil des Felsens abgebrochen sei. Und war da nicht noch der unwiderlegbare ominöse Reisigbesen? Dieser existierte tatsächlich: Er gehörte einem Arbeiter, der sich – ausgerechnet – um die Absicherung des Felsens zu kümmern hatte.

Ob mit oder ohne See im Inneren – der Kandel wurde seinem Ruf als unheimlicher Berg durch den Vorfall wieder einmal gerecht. Man musste sich schon gar nicht mehr wundern, dass in der Nacht des 5. Dezembers 2005 ein vergleichsweise heftiges Erdbeben den Breisgau erschütterte. Mit einer Stärke von 5,4 auf der Richter-Skala war es weit über die Region hinaus noch zu spüren, das Epizentrum lag – unter dem Kandel. Wieder brach kein See los, aber nicht wenige Gebäude trugen Schäden davon.

Heute versammeln sich auf dem Berg eher Ausflügler, Wanderer und Sportler, deren Zusammenkünfte (hoffentlich) harmloser sind als die dämonischen Feste der Hexen. Aber auch diesen Geschichten liegt eine Wahrheit zugrunde, allerdings eine traurige. Die auch im Breisgau leider recht eifrigen Hexenverfolger des 17. Jahrhunderts waren bei ihren Opfern stets auf der Suche nach dem angeblichen Versammlungsplatz der Teufelsbündler. Oft unter der Folter erpresst, gestanden viele der Beschuldigten den Ort ihrer vermeintlichen Treffen: Es war – natürlich – der Kandel.

Ort Waldkirch, Landkreis Emmendingen (EM)

Charakteristik Er ist der unheimliche Berg des Breisgaus, der Kandel. Oben tanzen die Hexen, innen drinnen liegt ein geheimnisvoller See. Und der möchte nach außen. Im Jahr 1981 schien es soweit zu sein.

Tipp Wem der Kandel als unheimlicher Ort nicht reicht, der kann unweit in Denzlingen noch die Ruinen der Severinskapelle aufsuchen. Auch sie ist mit allerlei Sagen verbunden.

Einkehr Waldkirch

↑ Weithin sichtbar: der Kandel
← Bedrohlich überragt der Kandel Waldkirch.

Riedlandschaft im Morgennebel – Sonnenaufgang bei Radolfzell am Bodensee

Bodensee und Oberschwaben

61 Der Aachtopf

Die gestohlene Donau

Der Verdacht bestand schon seit Langem, doch es fehlte der Beweis. Kurz hinter Immendingen, bei der kleinen Stadt Möhringen und noch einmal einige Kilometer flussabwärts bei Friedingen verschwand die Donau plötzlich im Erdboden. Manchmal nur in Teilen, manchmal vollständig und immer öfter an immer mehr Tagen im Jahr. In trockenen Zeiten konnte es passieren, dass man an 300 Tagen ein leeres Flussbett vorfand. Die Versickerungsstellen zu verstopfen, half oft nur wenig, Ideen, die Donau umzuleiten oder rundherum zu befestigen, kamen auf, doch umsetzen ließ sich all dies nicht. Außerdem sorgten solche Vorschläge und Maßnahmen regelmäßig für gehörigen Ärger mit den Nachbarn im Süden.

Denn der besagte Verdacht ging dahin, dass die verschwundenen Wässer der Donau an anderer Stelle wieder austreten, konkret hatte man die Quelle bei der Stadt Aach im Hegau ins Auge gefasst. Diese ist so mächtig, keine andere in Deutschland kann mit ihr mithalten. Durchschnittlich sprudeln pro Sekunde 8,3 Kubikmeter aus ihr – also 8300 Liter – an starken Tagen gar 24 Kubikmeter. Nachdem bereits 1705 der Möhringer Obervogt Maßnahmen ergriffen hatte, um die Versickerung zu stoppen, sollte kurz darauf ein gelehrter Herr den Nachweis erbringen, dass die Donau irgendwie bis ins 12 Kilometer entfernte Aach verschwand und dort wieder zutage kam. Der endgültige Beweis blieb zwar aus, aber letztlich hatte niemand mehr Zweifel, dass hier eine unterirdische Ableitung stattfand. Die Arbeiten zur Verhinderung des Wasserverlustes wurden verstärkt.

Erst 1877 konnte die Vermutung auch endgültig wissenschaftlich belegt werden. Erste Experimente mit Färbemitteln waren nicht sehr erfolgreich, aber als man vor der Versickerung Salze in die Donau streute, stieg kurz darauf der Salzgehalt im Aachtopf an. Möhringen war inzwischen wie Aach badisch, deshalb waren die Verstopfungsmaßnahmen eingestellt worden, doch die entleerte Donau floss – oder eben nicht mehr – durch das württembergische Tuttlingen und hohenzollerisches Gebiet, hier gingen die Streitereien weiter. Bis vor höchste deutsche Gerichte und bis in die Tage der Bundesrepublik. Ohne Lösung. Die Donau darf weiterhin versickern und in Aach heraussprudeln. Neben der Donau nimmt sie dabei noch viel Oberflächenwasser aus dem Dreieck zwischen Möhringen und Friedingen mit – und viel Kalk aus dem Gestein.

Deshalb ist wohl mancher Besucher beim ersten Anblick des Aachtopfes etwas enttäuscht. Er sieht wie ein besserer Teich aus, und das Wasser ist nicht von so schönem Glanz wie in Blaubeuren, wegen des hohen Kalkgehalts. Geheimnisvoll ist aber vor allem der Untergrund zwischen Aachquelle und den Versickerungsstellen. Forscher haben schon immer vermutet, dass hier im Jurakalk ein ausgeprägtes Höhlensystem existiert, doch der Nachweis gestaltete sich noch weitaus schwieriger als derjenige der Donauverbindung. Gegen die starke Strömung, die Tiefe, die Enge des Sarahloches und vor allem die trübe Sicht anzugehen, war eine Aufgabe für professionelle Höhlentaucher. Erst in den 1960er-Jahren gelang es, hinter der Quelle weiterzuforschen. Die Vermutungen bestätigten sich auch hier. In bis zu 17 Metern Tiefe lagen Höhlen mit eigenen Seen – doch nach gut 400 Metern war für Taucher kein Fortkommen mehr. Die Höhlenforschung konzentrierte sich nun auf Grabungen von den Dolinen auf dem Hügel hinter dem Aachtopf – und stieß tatsächlich nach vielen Mühen 2003 auf weitere von der unterirdischen Donau gebildete, faszinierende Hohlräume.

Ort Aach, Landkreis Konstanz (KN)

Charakteristik Deutschlands größte Quelle mit einem unterirdischen Höhlensystem, Endpunkt der Donauversickerung. Das sorgte immer wieder für Faszination, aber vor allem auch Ärger.

Tipp Die kleine Stadt Aach, wunderschön auf einem Hügel gelegen, ist ein kompaktes Ensemble, das den Besuch absolut verdient. Ein Rundgang ist kurz, aber lohnenswert. Von der Altstadt oder auch dem Alten Turm hat man herrliche Ausblicke auf den Hegau.

Einkehr Aach

↑ Das Gelände ist durchzogen von bizarren Höhlengebilden.
← Der Aachtopf

62 Der Blutsberg bei Aichstetten

Fluch und Unschuld

Geizige Ritter und grausame Burgenbesitzer werden in der Sage oft böse abgestraft, doch nur selten hat dieses Motiv so eine detailreiche Ausführlichkeit erreicht wie in der Geschichte der Burg Blutsberg. Deren Bewohner galten eigentlich als untertanenfreundliche Herren, bis eine Frau von fremdem Geschlecht einheiratete, die fortan den Umgangston drastisch veränderte. Mit ihr zogen Geiz, Grausamkeit und Gier in die Burg ein, was einerseits die Dienstboten im Hause und die Untertanen zu spüren bekommen sollten, vor allem aber die Armen und die Hausierer, die zu ihrem Unglück an das Burgtor klopften.

Sie wurden fortgehetzt oder ins Verlies gesteckt – oder mitsamt den eigenen Untertanen gezwungen, unentgeltlich für die Burg Frondienste zu verrichten. Während sich diese Unglücklichen auf den Besitztümern der Burgherren abplagten, herrschte in dem Gemäuer selbst fröhliches Treiben. Die Vorratskammern waren immer gefüllt, auch wenn das Volk hungerte, und von dem Leid ringsherum ließ man sich von ausschweifenden Feiern alles andere als abhalten. Mit den Resten der Gelage fütterte man lieber das Vieh.

Während fast alle Dienstboten kuschten und sich selbst die schlechten Manieren ihrer Herrschaft angewöhnten, tat eine junge Köchin immerhin ihr Missfallen kund. Sie wurde nicht vertrieben, dafür war sie einfach in ihrem Fach zu versiert und man wollte nicht auf ihre Küchenkünste verzichten, aber man demütigte sie bei jeder Gelegenheit. So erhielt sie den Auftrag, die Kinder der Adligen zu baden – in Milch. Zum Abtrocknen sollte sie Schmalzküchle verwenden. Ihre Weigerung, so eine dekadente Verschwendung zu begehen, wurde mit Lachen und Drohungen bedacht.

Nun kam kurz darauf ein offenkundig ortsfremder Bettler zur Burg, der alle Warnungen der Einheimischen ignorierte. Dienstboten und Herrschaft dachten sich schon ihren nächsten grausamen Scherz für ihn aus, er sollte die verdreckte Milch aus dem Bad und die Schmalzküchle gereicht bekommen, doch die Köchin ging ihm entgegen, steckte ihm ein paar Münzen zu und bat ihn, sich besser im Dorf etwas zu essen zu kaufen. Da nahm der Bettler sie an die Hand, führte sie aus der Burg und drehte

↑ Die Rochuskapelle
← Schloss Altmannshofen

sich in einiger Entfernung zu dieser um. Er zerbrach seinen Wanderstab über dem Knie und warf die beiden Teile auf diese zu. Das Urteil war gesprochen. Denn der vermeintliche Bettler war ein heiliger Mann, der die Burg und ihre Insassen verfluchte. In einem enormen Donnergrollen versank der Ansitz im Boden. Als die Magd mit einigen Dorfbewohnern an den Ort zurückkehrte, war von der Burg nichts mehr zu sehen und der Bettler unauffindbar.

Gleichwohl gab es zwei Überbleibsel, die an das Schicksal der Feste und ihrer Bewohner erinnerten. Gerüchtehalber soll die Schatzkammer der Burg erhalten geblieben sein. Doch die Magd, die deren Lage kannte, weigerte sich, jemals dorthin

Ort Aichstetten, Landkreis Ravensburg (RV)

Charakteristik Burgstall mit wenig Spuren des einstigen Ansitzes, der der Sage nach aufgrund der Grausamkeit seiner Bewohner verflucht im Boden versank.

Tipp Im Aichstettener Ortsteil Altmannshofen, der unterhalb des Blutsbergs liegt, gibt es ein nicht im Boden versunkenes sehenswertes Schloss. Zwar ist es in Privatbesitz und nicht zugänglich, aber einen Spaziergang dorthin lohnt der stattliche Bau gleichwohl.

Einkehr Altmannshofen und Aichstetten

zurückzukehren und zog aus der Gegend fort. Der Reiz, die Reichtümer zu suchen, war trotzdem unter den Einwohnern der Gegend groß, allerdings auch der Respekt vor dem verfluchten Ort. Und die Vernichtung durch den Bettler hatte auch einen Kollateralschaden erzeugt: Sie hatte auch ein noch unschuldiges junges Mädchen und die vielen Tiere getroffen. Diese zogen nun gemeinsam als Hirtin und Herde um den Blutsberg und hofften auf Erlösung.

Der Schlüssel hierzu war der Schatz: Wer ihn fand und an die Armen verteilte, erlöste das Mädchen und die Tiere. Doch die wenigen, die dies wagten, scheiterten. Sei es, weil ihnen die Herde zu unheimlich war, sei es, weil der Schatz selbst noch einmal von ganz anderem Getier, Reptilien und Amphibien, bewacht wurde. So liegt er noch immer im Inneren des Blutsbergs, und auch die Tierschar mit ihrer Hirtin zieht dort weiterhin umher.

So ausführlich die Sage, so stumm die Historie. Der heilige Bettler hat offensichtlich ganze Arbeit geleistet, als er die Burg im Erdboden versinken ließ. Heute ist auf dem

Die Kirche von Altmannshofen und das ganz und gar nicht unheimliche Schloss

Blutsberg, an dem die Autobahn vorbeirauscht, außer einigen wenigen Vertiefungen von Gräben nichts mehr zu sehen. Die sehr kleine barocke Rochuskapelle in einer Senke ist zwar auch ein Überrest, allerdings gehörte sie zu dem dortigen, heute verschwundenen Bauernhof. Auch sonst ist reichlich wenig bekannt zu dem Ansitz nahe des Dorfes Altmannshofen. Die nach dem Ort benannten Adligen hatten sie wohl um das Jahr 1200 errichtet, als sie ihre besten Zeiten als Marschälle in Diensten der Welfen und Staufer erlebten. Allerdings starben sie bereits am Ende des 14. Jahrhunderts aus. Wann die Burg verfiel, ist nicht bekannt, es dürfte wohl ebenfalls noch im Mittelalter gewesen sein.

Der gruselige Name hat übrigens eine ganz harmlose Geschichte. Ohnehin setzte er sich erst in der Neuzeit durch, früher hieß der Hügel ganz unspektakulär Gebhardsberg. Als ein Bauer dort in der Nähe seinen Bauernhof errichtete, übertrug sich dessen Familienname auf den Berg. Und so wurde mit der Zeit aus dem Blutschberg der Blutsberg.

63 Die Galgenäcker bei Allensbach

Die Rückkehr der Gehenkten

Dass der Name Allensbach bundesweit in den Nachrichten auftaucht, ist alles andere als selten. Fast jeder kennt das dort beheimatete und durch seine Umfragen immer wieder in Radio, Fernsehen, Zeitungen und Internet erwähnte Institut für Demoskopie, einst von Elisabeth Noelle-Neumann gegründet. Doch im Frühjahr 2020 zog die Medienkarawane einmal nicht vor das schmucke Fachwerkhaus der Demoskopen, sondern sie hatte ein neues Ziel außerhalb des Ortes. »Der Spiegel«, die »Welt«, »Der Tagesspiegel«, die Rundfunknachrichten, der Fernsehsender SWR, »Spektrum der Wissenschaft« und viele mehr berichteten.

Auf den ersten Blick konnte der Ort ihres Interesses uninteressanter nicht sein. Es war eine Baustelle. Kein Flughafen, kein Kraftwerk, keine Riesenfabrikanlage, sondern lediglich die Erweiterung der örtlichen Bundesstraße B33. Nun, der Bodensee ist uralter Kulturraum – jeder kennt zum Beispiel die Pfahlbauten – und wer hier gräbt, stößt schnell auf Zeugnisse der Vergangenheit. Das war auch bei den Arbeiten an der B33 zwischen Allensbach und Hegne vorher schon der Fall, aber diesmal war man auf etwas gestoßen, das größere Aufmerksamkeit als nur die der Fachleute erregte: menschliche Überreste.

Kein Fall für »Aktenzeichen XY«, sondern für die Archäologen. Mancher Heimatforscher hatte das bereits kommen sehen – verlief die erweiterte Straßentrasse doch durch die Gemarkung Galgenäcker. Und dieser Name kommt nicht von ungefähr. Allensbach gehörte seit seinem Bestehen der Klosterinsel Reichenau, es war, dem Hauptort Mittelzell direkt gegenüber auf dem Festland gelegen, mit der Zeit als Hafen und Markt der wichtigste Ort im Besitz der Abtei geworden, die nach ihrer Blüte im

Frühmittelalter schon einmal bessere Tage gesehen hatte. Deshalb war Allensbach, einer der wenigen ihr verbliebenen Orte, von besonderer Bedeutung. Schon im Hochmittelalter, in dem es wohl sogar Stadtrechte besaß, saßen dort bisweilen Reichenauer Amtmänner und Vögte zu Gericht.

Allerdings ging es mit der Abtei weiter bergab. Schließlich wurde es dem Konstanzer Bischof zu viel und er verleibte sich das Kloster mitsamt seinen Besitzungen, darunter also auch Allensbach, 1540 kurzerhand ein. Der Ort gehörte nun zum Fürstbistum Konstanz und wurde Sitz eines Obervogts, der hier Gericht zu halten hatte. Zu seinem Amtsbereich zählte die komplette Insel Reichenau, doch die galt noch immer als besonderer Boden, als heilig. Darum, wenn »über das blut gericht, und wann ainer zu dem tod verurtailt wird, derselb über den see hinus gefürt und alda nach siner missetat gestrafft«. Prozesse, Bestrafungen und Hinrichtungen fanden also auf dem Festland statt – in Allensbach.

Natürlich nicht im Ort, sondern, wie es üblich war, außerhalb, so wenig wie auf der Insel, so wenig wollte man in den Ortschaften selbst mit dem blutigen Geschäft zu tun

Ort Allensbach, Landkreis Konstanz (KN)

Charakteristik Wiederentdeckter Standort des Allensbacher Galgens mit spektakulären Funden, die einen recht schauerlichen Einblick in unsere Rechtsgeschichte gewähren.

Tipp Auf der Insel Reichenau gab es also nie einen Galgen, genug zu sehen aber natürlich immer schon. Ein Besuch des UNESCO-Weltkulturerbes mit seinen drei romanischen Kirchen ist zweifellos ein Pflichttermin. Nebenbei kann man dann noch frisches Gemüse einkaufen.

Einkehr In Allensbach oder auf der Insel Reichenau

↑ Die Insel Reichenau (im Hintergrund) von Allensbach aus gesehen.
← So friedlich ging es am Allensbacher Ufer nicht immer zu.

haben. Außerdem kam hierzu ein zweiter Aspekt, errichtete man doch Galgen gern auf Hügeln – Galgenbergen – oder an frequentierten Straßen, in Sichtweite vieler Menschen. So eine war auch die Vorgängerin der heutigen B33, immerhin der Weg in die wichtige Bischofsstadt Konstanz. Was die Bauarbeiter im Frühjahr 2020 fanden und die Archäologen schließlich genauer unter die

Lupe nahmen, waren die Überreste des Galgens und seiner unglücklichen »Nutzer«.

Dass dieser hier stand, wusste man aus Berichten seit dem 16. Jahrhundert und aus Karten, die ihn sogar noch am Anfang des 19. Jahrhunderts zeigen. Er hatte gemauerte Pfeiler, gut 3 Meter hoch, auf denen ein hölzerner Querbalken lag, zweischläfrig nannte man dieses torbogenartige Modell. Der Balken musste immer wieder mal erneuert werden; da dies ein offizieller Akt war, gibt es hierüber mehrfach Aufzeichnungen, etwa aus den Jahren 1686, 1730 oder 1760. Der Balken ist natürlich längst verrottet, es gäbe folglich kaum mehr zu sehen als die Stümpfe der Steinsäulen, würde man die neuzeitlichen Gebräuche nicht kennen.

Denn der Galgen war zugleich Begräbnisstätte, als verrufener Ort insbesondere für alle, um deren Seelenheil es nicht allzu gut bestellt sein konnte – und die deshalb kein Anrecht auf einen Platz im geweihten Boden des Friedhofs hatten. Dazu gehörten auch ungetaufte Kinder und Selbstmörder, sie wurden oft unter dem Galgen verscharrt. Vor allem aber waren das natürlich die Hingerichteten, hier wiederum insbesondere die Gehenkten, denn dies galt zusätzlich – anders als das Köpfen – als unehrenhaft. Und für Letzteres hat man in Allensbach zahlreiche Beispiele gefunden. Auf dem Bauch liegende Skelette mit hinter dem Rücken gefesselten Händen – Übeltäter, die nach ihrem qualvollen Tod am Strang schnell abgeschnitten und schnurstracks an Ort und Stelle eingegraben worden waren. Und dann gab es Skelette, die in viele Teile zerfallen waren – hier hatte man die Leichen zur Abschreckung hängen lassen, bis sie vermodert waren.

In wenigen Jahren wird kaum mehr etwas an den Standort des Galgens erinnern, er wird unter dem Asphalt der neuen Bundesstraße verschwinden. Das Schicksal der Toten, über 15 Skelette konnten gefunden werden, wird in den Untersuchungen der Archäologen weiter dokumentiert werden. Und diese haben auch die steinernen Fundamente des Allensbacher Galgens ausgraben lassen – derzeit eingelagert, suchen sie einen neuen Standort.

→ Die Pfarrkirche Allensbach
← Schloss Hegne stand nicht weit vom Galgen.

64 Die Bermatinger Höhle

Hochzeit in der Heidenhöhle

Eigentlich wollte ein örtlicher Bauer in der Bermatinger Weiherstraße 1840 nur einen geräumigen Bierkeller anlegen, der weiche Bodenseesandstein, die Molasse, war für ein solches Vorhaben bestens geeignet. Doch dann geschah ein unvorhergesehenes Unglück, beim Anlegen eines Nebenraums brach völlig unerwartet der Boden ein – unter dem Bierkeller lagen unbekannte Hohlräume.

Sie bestehen aus einem größeren Raum – der unter dem Bierkeller liegt – und verzweigen sich in einige kleinere Nischen und am Ende noch einmal in eine querstehende Höhle. Der ursprüngliche Eingang war verschüttet und von außen nicht mehr zu sehen. Im Inneren sind Pfostenlöcher wohl für Türen und kleinere, teils rußgeschwärzte Ausbuchtungen erkennbar, in denen wahrscheinlich Lampen oder Kerzen standen. Und dann sind da die vielen bereits erwähnten Einkerbungen und Schriftzeichen. Vieles stammt von späteren Besuchern, die sich nach der Wiederentdeckung im Sandstein verewigt hatten, aber es sind auch Inschriften aus der Zeit davor zu entziffern. Die meisten bildhaften Ritzungen sind jedoch kaum zu deuten, geschweige denn zu datieren. Sichtbar sind auch Bearbeitungsspuren mit der Hacke aus der Entstehungszeit.

Die Deutungen für solche »Heidenhöhlen« – dieser seit Langem gebräuchliche Name geht auf die frühere Vermutung zurück, die Römer seien für den Bau verantwortlich – sind äußerst weit gefächert. Am naheliegendsten wäre, ganz in der Tradition der Bierkeller, hier Vorratsräume zu vermuten. Das mag für Bermatingen noch eher plausibel sein als für die komplexen Höhlensysteme von Zizenhausen oder Goldbach (siehe unser Kapitel), aber wie dort auch fanden sich hier keinerlei Rückstände. Dies spricht zudem gegen die häufige Theorie eines Fluchtortes, sei es nun aus der Antike, oder – wahrscheinlicher – des Mittelalters, wie auch einer Nutzung als unterirdische Wohnräume.

Beliebt ist auch die These von Ritualorten. Zwar glaubt kaum mehr jemand, trotz des eingekerbten Kreuzes, an einen Aufenthaltsort der ersten hier versteckt feiernden Bermatinger Christen, aber die verrußten Nischen und eine vorhandene Quelle könnten durchaus auf einen religiösen Charakter hinweisen. Auch bestehen Vermutungen, die die Höhle mit einem Totenkult in Verbindung bringen. Nur belastbare Belege gibt es für all dies nicht. Die Verwandtschaft zu den aus dem bayerisch-österreichischen Raum bekannten Erdställen ist offensichtlich – nur sind diese leider ein ebensolches ungeklärtes Rätsel.

↑ Im Bermatinger Ortskern
← Auch oberirdisch ist Bermatingen vorzeigbar.

Immerhin gibt eine Sage Auskunft. Der ungehobelte und grausame Raubritter Riuhle mit Sitz auf Burg Schiggensdorf, der verständlicherweise Probleme hatte, eine Frau zu finden, beauftragte einen Kollegen, den Ritter von Baitenhausen, mit der Entführung der hübschen Tochter des Burgherrn von Ittendorf, die seine Werbungen vorher ausgeschlagen hatte. Tatsächlich gelang es diesem, das Fräulein in den Ittendorfer Burggarten zu locken, wo sie sogleich von vermummten Häschern ergriffen und in einem Gewittersturm zu Pferd weggebracht wurde – und zwar in die Bermatinger Höhle. Diese war festlich geschmückt und hell erleuchtet, ein Mönch und der Ritter Riuhle warteten schon auf die ungewollte Braut. Die Zwangstrauung fand statt, Riuhle und das Fräulein ritten davon und waren nie mehr gesehen. Die Bermatinger Höhle verfiel in Dunkelheit wie zuvor, die Burg des Raubritters stand fortan verlassen und brach zusammen. Burg Schiggensdorf, bei Meersburg gelegen, ist tatsächlich bis auf die Grundmauern verschwunden, die Bermatinger Höhle aber gibt es noch. Sie ist in Privatbesitz, kann jedoch auf Nachfrage besichtigt werden.

Ort Bermatingen, Bodenseekreis (FN)

Charakteristik Eine künstliche Höhle mit mehreren Räumen und seltsamen Inschriften. Unbekannt sind Entstehungszeit und Zweck, nur die Sage weiß Genaueres. Wer das Rätsel der Heidenhöhlen lösen kann, sichert sich einen Platz in der Forschungsgeschichte.

Tipp Weitere Heidenhöhlen beschreiben wir im Kapitel Zizenhausen und Goldbach. Noch mehr dieser eigenartigen Gebilde gibt es im Überlinger Stadtgraben, im schweizerischen Schönholzerswilen (Bruderloch) und an der Wallfahrtskapelle Maria im Stein bei Lippertsreute.

Einkehr Bermatingen

65 Die Plankentalkapelle bei Bad Buchau

Der Wunschalptraum

Sie ist nur zu Fuß zu erreichen und wer zu ihr möchte, der muss durch das Tal der Tränen gehen. Genauer gesagt, durch das Jammertal, auch wenn *planctus vallis* oft mit Tränental übersetzt wird. Aber Ungenauigkeiten nimmt man nicht so wichtig bei dieser sehr gruseligen Geschichte, die vom Entstehen der einsamen Kapelle nahe Kappel berichtet.

Es war die Zeit der Ungarneinfälle um 900, als der Kaiser dazu aufrief, den plündernden Heeren entgegenzuziehen und dem Übel ein Ende zu bereiten. Zu den Adligen, die ihm Folge zu leisten hatten, gehörte auch Graf Hatto von Buchau, der sich schweren Herzens mit seinen drei Söhnen von seiner Frau Adelinde verabschiedete und sich dem Kriegszug anschloss. Nicht ohne zu versprechen, bald wieder zuhause zu sein. Doch dann kam lange keine Nachricht mehr von Hatto und seinen Söhnen.

Schließlich aber traf doch die Kunde ein, dass die Schlacht gewonnen worden sei. Adelinde begann zu hoffen und hielt täglich auf der Ebene bei Kappel Ausschau nach den ersehnten Rückkehrern. Dabei seufzte sie vernehmlich in den Wind: »Windle, Windle, weh', / dass mein Gemahl ich wiederseh!« Und tatsächlich, schon zeichneten sich am Horizont vier heranstürmende Reiter ab. Voller Freude lief Adelinde ihnen entgegen, »Mein Mann! Meine Söhne!« rufend. Als sie nahe genug waren, bestand kein Zweifel mehr, Kleidung und Rüstung waren die ihres Gatten und ihrer Kinder. Doch verzweifelt schrie die Gräfin: »Windle, windle, weh', / dass mein Gemahl ich nimmer seh!« Alle vier hatten keine

Köpfe mehr! Die Reiter verschwanden – und Adelinde ging ins Kloster.

In der grausamen Überlieferung vermischen sich einige reale Personen und Ereignisse. Adelinde I. gründete einst das Stift Buchau, Adelinde II., die Frau des Hatto, lebte von 855 bis 915 und trat später in das von ihrer Namensvetterin gegründete Kloster ein. Ihr Mann war tatsächlich im Kampf gegen die Ungarn gefallen, wofür er allerdings nicht weit hatte fortreiten müssen: Die blutige Auseinandersetzung fand bei Buchau statt. An sie und die hier Gefallenen dürfte die Plankentalkapelle ursprünglich erinnert haben. Der existierende Bau stammt aus dem späten 19. Jahrhundert und ist seit den 1940er-Jahren mit großen Wandgemälden geschmückt, die Adelindes Geschichte erzählen. Auf der Außenfassade erwartet sie uns mit ihrem Wunsch nach Rückkehr ihres Mannes, der sich so grausam erfüllt hat.

Ort Bad Buchau, Landkreis Biberach (BC)

Charakteristik Eine tragisch-traurige, aber auch schauerliche Sage um die Plankentalkapelle, die auf wahren Ereignissen beruht.

Tipp Reichsstadt und Reichsstift zugleich war das kleine Buchau, heute vor allem bekannt durch sein äußerst sehenswertes Museum am Federsee zur vorzeitlichen Besiedelung. Die Klosteranlage der beiden Adelindes sollte man naturgemäß ebenfalls aufsuchen.

Einkehr Buchau

↑ Eine Adelinde gründete tatsächlich das Stift Buchau.
← Nebel über dem Tal der Tränen

66 Der Lenzenstein in Lipbach

Zeigt her eure Füße

Das kleine Dörfchen Lipbach gehört nicht unbedingt zu den von Touristenströmen geplagten Orten des Bodenseeraumes. Zwischen der vielbefahrenen B33 und dem Dorf liegt das Markdorfer Gewerbegebiet, die Bahnstrecke führt zwar näher vorbei, aber einen Halt gibt es nicht. Ebenso unscheinbar dürfte Lipbach, das bis in die jüngste Vergangenheit nur aus wenigen Häusern bestand, schon in früheren Jahrhunderten gewesen sein, und doch kann es eine Besonderheit aufweisen, die immer wieder die Menschen hierherlockte.

Ohnehin ist der Ort sehr alt. Klein und unauffällig wirkt zwar auch die Kirche, doch hat sie eine lange und berichtenswerte Geschichte. Der Überlieferung nach wurde sie 990 vom heiligen Bischof Gebhard von Konstanz geweiht. Mit solchen Weiheereignissen durch große heilige Männer schmücken sich viele Kirchen, doch deutet in Lipbach, auch wenn eine urkundliche Bestätigung fehlt, einiges darauf hin, dass es sich hier um mehr handelt als um eine Legende. Denn der Kernbau des Gotteshauses entstammt tatsächlich dem 10. Jahrhundert. Es ist also einer der ältesten noch bestehenden Kirchenbauten der Region.

Eine Kuriosität zudem ist, dass die Kirche, heute nurmehr Kapelle genannt, tatsächlich eine Pfarrei war. Doch die wenigen Bewohner, die zu dieser gehörten, konnten die Einkünfte für den Pfarrer nicht erbringen, ab dem 13. Jahrhundert wurde die Stelle jeweils von Priestern der Umgebung mitversorgt, später als Filiale dem Nachbarort Kluftern zugeordnet. Überhaupt ging es mit der Versorgung des Kirchleins bergab, zeitweise fehlte sogar ein Altar im Inneren, ein eigenes Pfarrhaus gab es wohl ohnehin nie.

Ganz so schlimm war es aber doch nicht immer – wie auch die heutige Ausstattung verrät, zu der immerhin auch schöne Statuen aus dem Spätmittelalter zählen. Denn die Kapelle blieb stets eine Art inoffizieller Wallfahrtsort. Das lag aber nicht an dem Gotteshaus, sondern an dem Felsstein davor: Dieser zeigt deutlich einen menschlichen Fußabdruck. Er soll von einem christlichen Prediger stammen, der hier vor Urzeiten das neue Christentum verkündete. Lenzenstein heißt er nach dem Patrozinium der Kirche: St. Laurentius, vulgo Lorenz, vulgo Lenz. Insbesondere Eltern brachten ihre Kinder hierher, wenn diese an Fußkrankheiten litten. Den Fuß in den Abdruck zu halten, versprach Besserung. Falls ihr Orthopäde also einmal nicht weiter weiß …

Ort Lipbach, Bodenseekreis (FN)

Charakteristik Ein geheimnisvoller Fußabdruck in einem Stein bei einer sehr alten Kirche. Heilende Wirkung mit inbegriffen.

Tipp Rund um Lipbach führt einer der Klufterner Kunstwege. Im »Tor zur Fantasy« wird in Comicform ganz in der Nähe der Laurentiuskapelle die Geschichte des Lenzensteins aufbereitet.

Einkehr Markdorf oder Friedrichshafen

↑ Die kleine Lipbacher Kirche
← Der Fußabdruck im Stein ist deutlich sichtbar.

↑ Die ebenfalls kleine, aber auffälligere Kapelle in Efrizweiler

67 Der Hexenturm in Markdorf

Eine Nacht im Bürgerstüble

Wer in Markdorf zu lange im Wirtshaus saß, der landete im »Bürgerstüble«. Dies war keineswegs das nächste Gasthaus um die Ecke, sondern eine karge Zelle im Hexenturm, der die Stadtbewohner mit bissigem Humor diesen »gemütlichen« Namen verpasst hatten. Zwei solche Räumlichkeiten gab es, auf 10 Fuß Länge und 8 Fuß Breite fand sich lediglich eine Pritsche mit Strohsack – bei Bedarf für mehrere Personen – und ein Ofen, der nur von außen beheizbar war. Für die körperlichen Bedürfnisse gab es einen »Leibstuhl« und, falls Verpflegung vorgesehen war, ein primitives Geschirr.

Einziger Trost: Der Aufenthalt im Bürgerstüble war für gewöhnlich nicht lang. Eingerichtet zu Beginn des 19. Jahrhunderts war es eher eine Art Abschreckungsgefängnis für Kleindelikte – zumindest für die Einheimischen. Hauptinsassen waren sogenannte Übersitzer, Menschen, die nach der Polizeistunde noch in Wirtshäusern angetroffen wurden. Wer nicht sofort eine Geldstrafe bezahlen konnte oder wollte, wer herumkrakelte oder in den Straßen lärmte, wer nicht aus Markdorf stammte, der landete über Nacht in einer der Zellen. Dem Spott ausgesetzt, wurde er schließlich am nächsten Tag wieder entlassen – oder ausgewiesen.

So ging es oft auch den zahlreichen Hausierern, Bettlern, reisenden Händlern oder anderen nichtsesshaften Ortsfremden. Sie wurden im Hexenturmgefängnis festgesetzt und nach 48 Stunden entweder des Landes verwiesen oder in eine andere Anstalt, zum Beispiel ein Arbeitshaus gebracht. Man muss davon ausgehen, dass sie keineswegs so gnädig behandelt wurden wie die Einheimischen. Und doch war das Bürgerstüble geradezu ein Komforthotel gegenüber früheren Verhältnissen.

Ort Markdorf, Bodenseekreis (FN)

Charakteristik Historischer Stadtturm mit einer düsteren Vergangenheit, die womöglich sogar noch düsterer war als gedacht.

Tipp Nach dem Museumsbesuch im Hexenturm sollte man einen Rundgang durch die sehr schön hergerichtete Altstadt von Markdorf unternehmen. Besonders sehenswert: die Stadtpfarrkirche St. Nikolaus mit der angebauten Wallfahrtskapelle zur Schutzmantelmadonna.

Einkehr In Markdorf (auf die Polizeistunde achten!)

Seit Jahren herrscht unter Heimathistorikern ein Streit darüber, ob der Hexenturm seinen Namen einem »Loch« verdankt, einem in den Untergeschossen eingerichteten düsteren Verlies, in dem die Todeskandidatinnen auf ihr Verhör oder gar ihre Hinrichtung warten mussten. Der Nachweis, dass in Markdorf Hexenverfolgungen stattfanden, gelang vor kurzer Zeit; aber waren die Opfer in dem alten Stadtturm untergebracht gewesen? Und wenn nicht, wie und warum kam er zu seinem Namen?

Die Anfänge des Gebäudes reichen bis ins 13. Jahrhundert, einen Eingang hatte es vormals nur von der Stadtmauer in der Höhe aus. Heute geht es bequemer zu für die Besucher des dort eingerichteten Museums mit den beiden erhaltenen Gefängniszellen. Hinter der dicken Holztür verwahrt der Hexenturm zwar keine Markdorfer Trunkenbolde mehr, aber doch noch immer einige seiner Geheimnisse.

↑ Die Pfarrkirche von Markdorf

← Heute geht es gemütlicher zu im Hexenturm.

↑ Das (harmlose) Untere Tor

68 Am Grab Franz Anton Mesmers in Meersburg

Scharlatan oder verkanntes Genie?

Nur den wenigsten Menschen ist es vergönnt, zum Wort zu werden. *To mesmerize* bedeutet im Englischen verzaubern, hypnotisieren, in den Bann ziehen und wird vor allem im übertragenen Sinn gebraucht, wenn jemand von etwas ganz besonders fasziniert ist. Dies ist in vielerlei Hinsicht eine gelungene Umschreibung für das Leben und Wirken des Franz Anton Mesmer, als Förstersohn 1734 auf der Halbinsel Höri am Bodensee geboren, der (nicht nur) seine Zeitgenossen in den Bann zog und sie faszinierte – oder abstieß. Mesmer machte als junger Mensch eine erstaunliche Karriere trotz seiner niederen Herkunft, gefördert von seinem Landesherrn, dem Konstanzer Fürstbischof. Er ging bei den Jesuiten in der Bischofsstadt zur Schule, studierte dann in Dillingen, Ingolstadt und Wien, wobei er sich immer mehr vom ursprünglichen Fach, der Theologie, entfernte und nach 16 Jahren als Arzt promovierte. In der österreichischen Hauptstadt, frisch verheiratet, begann er eine angesehene Karriere als Mediziner, befreundet unter anderem mit der Familie Mozart.

All das ist noch wenig spektakulär. Doch Mesmer entdeckte im Lauf seiner Tätigkeit, gut vernetzt in Akademikerkreisen, eine vermeintlich neue Heilmethode, abgeleitet aus der Verwendung von Magneten, damals eine neue medizinische Mode. Er behandelte vorwiegend Nervenleiden, nun schien es ihm, als gebe es eine unsichtbare Kraft, die ausgehend von Personen und Gegenständen, die diese berührt hatten, heilend auf die Patienten wirkt – und dies sogar auf die Distanz oder durch Mauern. Aktuelle Ansichten auf der Höhe der gerade herrschenden Aufklärung über die Kraft der Magnete, der Elektrizität und des Einflusses der Gestirne auf den Körper – Mesmers Dissertationsthema – vereinte er zur Heilmethode des »animalischen oder tierischen Magnetismus«. Der Name ist leicht irreführend: animalisch steht für lebend und Magnete spielen keine Rolle mehr, sie sind nur noch Analogie für eine nicht sichtbare, aber wirkende Kraft, das »Fluidum«. Die Medizinerkollegen rümpften die Nase, zu unausgegoren und wenig belegt schien ihnen die Theorie, doch Mesmer konnte immer wieder Erfolge bei Patienten aufweisen. Sein ohnehin nicht geringes Selbstvertrauen stieg.

Trotzdem, nach einem Skandal, einem bis zu Handgreiflichkeiten gehenden Streit um eine von Blindheit durch Mesmer geheilte Pianistin, musste er Wien verlassen. Er begab sich 1778 nach Paris. Dort wiederholte sich das Schema: Mesmer wird von den Akademikern skeptisch beurteilt, die in Kommissionen seine Methode als Humbug entlarven, während in allen Schichten des Volkes ein begeisterter Zulauf in seine Praxen stattfand. Um ein neuartiges Gerät, das

↑ Noch andere streitbare Persönlichkeiten ruhen in Meersburg.

← Angemessen: Kompass auf Mesmers Grabstein

Baquet, einen Zuber mit Metallstangen, aus dem das Fluidum an die kranken Stellen fließt, versammelten sich Adlige und Dienstboten, während Mesmer umherging, ihnen die Hände auflegte oder dazu Musik spielte. Auch Einzelsprechstunden hielt er ab. Für die einen berühmt, für die anderen berüchtigt, wurde er zur Weltberühmtheit. Mesmer-Gesellschaften, genannt »Zur Harmonie« gründen sich in Frankreich und im Ausland. Nur die Anerkennung der Wissenschaft fehlte ihm weiterhin, was Mesmer, der glaubte, der gesamten Menschheit große Dienste leisten zu können, enorm wurmte.

Dann war die große Zeit erst einmal vorbei. Obwohl Mesmer selbst mit der Revolution sympathisierte, musste er Frankreich in den späteren Wirren verlassen und zog abwechselnd zurück in die Heimat am Bodensee und in die Schweiz. Es wurde still um ihn, erst zum Ende seines Lebens hin erwachte plötzlich in Berlin vermehrt Interesse am Mesmerismus, erstaunt stellte man dort fest, dass der Begründer noch lebte. Seine letzten Tage verbrachte Mesmer im Spital zu Meersburg, wo er am 5. März 1815 starb. In seinem Testament verfügte er, »wie jeder gemeine Mann beerdigt zu werden«. Dies geschah auch. Das nicht zu übersehende, pompöse Grabmonument, das heute eine Lichtung des Meersburger Friedhofs beherrscht, ließen ihm spätere Verehrer setzen. Es ist voller Symbolik: ein dreiseitiger Marmorblock auf drei abgerundeten Stufen, dazu eingravierte Lichtmetaphern und das Planetensystem, oben auf der Fläche eine Sonnenuhr und ein echter Kompass.

Doch was hatte es nun eigentlich mit dem Mesmerismus, dem »animalischen Magnetismus« auf sich? Nun, die Skeptiker hatten natürlich Recht: ein unsichtbares, heilendes Fluidum gab es nie, Mesmer selbst konnte dessen Natur auch nie plausibel erklären – auch wenn er davon höchst überzeugt war. Das Kuriose, fast schon Tragische ist, dass er gleichwohl viele bahnbrechende Entdeckungen eingeführt hat, ohne dies so wahrzunehmen. Wir würden heute sagen, Mesmer heilte durch Suggestion, indem er sich intensiv seinen Patienten widmete. Er schuf damit die Gruppentherapie – man denke an das Baquet (das er später auch öfter wegließ) –, aber auch das wichtige Einzelgespräch in der Psychotherapie. Manche seiner Patienten fielen während der Behandlung in einen seltsamen Schlaf – Mesmerschüler bezeichneten dies als »Somnambulismus«, es war die Vorform der Hypnose. Auch in esoterischen Kreisen wirkte – ungewollt – der Einfluss Mesmers fort: Die Spiritisten beriefen sich auf ihn, ihre Tischrunden mit der Bildung eines Kreises aus Händen ist explizit von ihm übernommen. Und da sind noch die großen Meister der Schauerliteratur, die von seinen Theorien fasziniert waren: E.T.A Hoffmann, Edgar Allan Poe oder auch Mary Shelley. Sie alle waren *mesmerized*.

Ort Meersburg, Bodenseekreis (FN)

Charakteristik Das geheimnisvolle und symbolhafte Grab eines geheimnisumwitterten Wissenschaftlers, der den einen als großes Genie, den anderen als esoterischer Spinner gilt – und trotzdem enorme Wirkung entfaltete. Umgeben von einem sehenswerten Friedhof mit spätgotischer Kapelle.

Tipp Lässt sich gut mit einem Aufenthalt in Meersburg verbinden. Auf dem Friedhof sollte man auch das Grab der Dichterin Annette von Droste-Hülshoff aufsuchen.

Einkehr In Meersburg reichlich vorhanden

➔ Ist ein geheimnisvoller Blickfang: Mesmers Grab

69 Gut Haltnau bei Meersburg

Schwein gehabt

In einem kurzen Roman – »Brief an Lord Liszt« – des Schriftstellers und Bodenseekenners Martin Walser gibt ein Geschäftsmann bei einem Besuch im Restaurant Haltnau deren Geschichte in zwei Sätzen wieder: »Wendelgard, Tochter des letzten Haltnaubesitzers, deren Kopf einem Schweinskopf geglichen habe, deren Rücken einen Höcker habe tragen müssen. Meersburg will die also nicht, Konstanz nimmt sie, kriegt so die Haltnau.« Das ist eine etwas eigenwillige, aber im Großen und Ganzen korrekte Zusammenfassung.

Insgesamt existieren leicht verschiedene Varianten der Geschichte, doch die Grundkonstellation ist jeweils dieselbe. Wendelgard lebte im 13. Jahrhundert und war die alleinige Besitzerin des Gutes Haltnau, genauer des Oberen Hofes, der mit einem großen Grundbesitz hervorragender Weingärten ausgestattet war – und ist. An und für sich war sie somit eine gute Partie, doch litt sie an den erwähnten Makeln: Sie hatte einen Höcker auf dem Rücken, vor allem jedoch ein Gesicht mit einem Schweinsrüssel. Das sah nicht nur hässlich aus, es hinderte sie zudem, auf normale Art und Weise zu essen. Sie musste ihre Nahrung direkt aus einer trogartigen Schüssel schlürfen.

Da sie ungern allein war, andererseits ihr Anblick und insbesondere ihre Essgewohnheiten jedoch Mitmenschen bis hin zu den eigenen Dienstboten abstieß, fürchtete sie, in Einsamkeit sterben zu müssen, manchmal heißt es auch, sie habe – aufgrund ihres Reichtums – Angst vor Giftanschlägen gehabt. Deshalb überlegte sie sich folgenden Plan: Sie bat die Meersburger Stadtherren, ihr einen Platz im Spital zu überlassen, wo täglich einer der Oberen mit ihr essen und jeweils am Sonntag eine Ausfahrt mit der Kutsche unternehmen sollte. Dafür ginge nach ihrem Tod die Haltnau in den Besitz des Spitals über. Ein verführerisches Angebot, doch der Meersburger Rat konnte sich lange nicht zu einer endgültigen Antwort durchringen.

Als Wendelgard verärgert der Stadt Konstanz dasselbe Angebot unterbreitete, griff diese sofort zu. Per Losverfahren wurde jede Woche ein Ratsherr als Gesellschafter der alten Dame ausgewählt. Sie lebte noch sehr lange, aber am Ende ging das Gut Haltnau mitsamt den Weinbergen in den Besitz des Konstanzer Spitals über. Dem gehört es noch heute. Die Stadt ehrte die Frau mit einem Weg am Strand und einem Gasthaus beim Münster – auch wenn es sie nie gab. Das Gut ging durch eine Schenkung eines Mannes 1272 an das Spital, aber das bedeutet auch, dass Sie heute in dem schmucken Weinlokal in den alten Gebäuden am Ufer ihre Speisen nicht allein und vor allem nicht aus einem kleinen Trog essen müssen.

Ort Gut Haltnau bei Meersburg, Bodenseekreis (FN)

Charakteristik Ein historisches Weingut in bester Lage am See, schon von Annette von Droste-Hülshoff geliebt. In der dazugehörigen Sage vermischen sich Wahres, Tiefgründiges und Kurioses.

Tipp Von der Haltnau lohnt sich ein Spaziergang am Ufer ins benachbarte Hagnau, auch dies ein sehr bekannter Weinort. Bemerkens- und sehenswert ist die hohe Anzahl an Klosterhöfen.

Einkehr In der Haltnau

↑ Rebtürmchen über dem Gut Haltnau
← Das Gut Haltnau

70 Die Ruinen Hohenkrähen und Mägdeberg

Drei Frauen und ein Quälgeist

Beide sind beeindruckende Ruinen auf alten Vulkankegeln, benachbart auf einer kleinen Hügelkette gelegen, aber historisch eher nicht in harmonischer Nachbarschaft verbunden. Endete der Hohenkrähen als Raubritterburg, so wurde der Mägdeberg zur Wallfahrtsstätte. Ähnlich unterschiedlich sind die Sagengestalten, die sich in den und um die beiden alten Gemäuer herumtreiben.

Noch im Jahr 1892 stellten Einwohner aus dem unterhalb des Hohenkrähen gelegenen Mühlhausen das Angstkreuz auf, um das Poppele zu bannen und ruhig auf ihren Feldern arbeiten zu können. Und es gab und gibt noch viel schlagkräftigere Indizien für die Existenz des Johann Christoph Poppelius Mayer, Burgvogt in der Mitte des 15. Jahrhunderts auf dem Hohenkrähen. Im Schloss Schlatt unter Krähen hängt ein Portrait von 1665, das auf ein Original des Jahres 1430 zurückgehen soll. In der altehrwürdigen Mühlhausener Pfarrkirche wird sein Grabstein gezeigt, der dem Vernehmen nach noch im 18. Jahrhundert zudem die heute verschwundene Aufschrift »Hic jacet Popolius« getragen habe: Hier liegt Popolius.

Jener Burgvogt hatte einen Abt zu Gast, mit dem es zu fortgeschrittener Stunde nach reichlich Weinkonsum zu einem Streit kam. Während Poppelius angeheitert ordentlich auftrumpfte und seine eigenen Bärenkräfte rühmte, machte sich der dickliche Abt über diese Vorstellung lustig, der Burgvogt sei doch nicht mehr als ein Knochengerüst, der durch jedes Nadelöhr gezogen werden könne. Wutentbrannt ließ Poppelius den Geistlichen packen und in den Kerker werfen, bis dieser selbst so abgemagert war, dass er durch jede Ritze passte. Nun ließ er ihn frei. Doch der Abt rächte sich: Zurückgekehrt mit einem in seiner Klosterbibliothek vorhandenen Buch mit magischen Sprüchen verfluchte er den Burgvogt. Dieser stürzte kurz darauf, brach sich das Genick und ist seitdem verdammt, auf ewig umherzugehen.

Der Name Poppele selbst ist allerdings kein Eigenname, sondern eine Sammelbezeichnung, die im Süden zwiespältige Hausgeister bezeichnet. Auch das Hohenkräher Poppele ist oft als solcher anzutreffen. Gegen bestimmte Gaben oder Aufforderungen hilft er im Haushalt und bei der Feldarbeit mit, ist allerdings immer mal wieder auch zu Streichen und Schabernack eher harmloser Art aufgelegt.

Ohnehin freundlicher sind die Einwohnerinnen des Mägdebergs. Auch sie sind überirdischer Natur, aber ihr Aufenthalt auf dem Vulkanberg ist immerhin historisch nachgewiesen. Dort bestand nämlich, lange vor der Zeit der späteren Burg, wie der Name noch verrät, eine Kultstätte der drei von den Kelten verehrten Göttinnen Ainbed, Borbed und Wilbed. Diese standen für die Erde, die Sonne und den Mond und wurden für gewöhnlich auf Hügeln verehrt, die auch eine Quelle besaßen – was für den Mägdeberg mit dem Eselsbrunnen durchaus zutrifft.

Das Gedächtnis an diese drei Damen hielt sich lange in der örtlichen Bevölkerung, genaugenommen verschwand es nie so richtig. Auch die »drei Beten« genannt, finden sich Hinweise auf ihre Kultstätten noch heute in vielen Namen, etwa dem Frauenberg bei Bodman oder gar Betenbrunn bei Heiligenberg, beides Marienwallfahrtsstätten. Denn die Verehrung wurde oftmals übertragen auf christliche Frauen, im Fall des Mägdebergs ebenfalls erst auf die Gottesmutter, später die heilige Ursula. Als die Festung längst in Trümmern lag, war in einem Torturm noch immer eine Kapelle intakt, zu der bis zu ihrer Aufgabe 1788 die Menschen der Umgebung pilgerten.

↑ Im Inneren des Mädgebergs
← Fast uneinnehmbar: der Hohenkrähen

Ort Hohenkrähen und Mägdeberg bei Mühlhausen, Landkreis Konstanz (KN)

Charakteristik Zwei beeindruckende ehemalige Höhenfestungen, typische Ruinen auf den Kegeln einstiger Hegauvulkane. Eine mit einem eher bösartigen Gespenst, die andere mit kultischer Vergangenheit

Tipp Keine der Vulkanburgen hat die Zeiten unzerstört überdauert. Die sicher bekannteste ist der Hohentwiel bei Singen, eine der größten Festungsruinen Deutschlands. Wem also Hohenkrähen und Mägdeberg noch nicht reichen, der sollte auch den Hohentwiel aufsuchen.

Einkehr Mühlhausen

71 Die Fronveste Oberdischingen

Beim Henkersgrafen

Franz Ludwig Schenk von Castell (1736–1821) herrschte zwar nur über ein winziges Territorium im Schwäbischen Reichskreis, aber dank diesem und als Mitglied des Hochadels hatte er die niedere und vor allem auch die höhere Gerichtsbarkeit dort inne: das Recht, über Leben und Tod zu entscheiden. Und so errichtete er in Oberdischingen eine Fronveste und schloss Verträge mit fast 140 verschiedenen Staaten, um ihnen ihre Verbrecher und Verbrecherinnen abzunehmen, über sie Gericht zu halten und sie entweder hinzurichten oder in seinem Gefängnis einzusperren.

Der »Malefizschenk« war im ganzen Reich und auch im Ausland wohlbekannt. Sein Ruf in der Überlieferung ist äußerst zweifelhaft, vom Henkersgrafen ist die Rede, den Blutgeruch umgab, dem die eigene Bevölkerung in einer Mischung aus Respekt und Furcht lieber aus dem Weg ging, vom Banden- und Menschenjäger. Und tatsächlich klingt das ganze Unternehmen nach dem Motto »Gefangene gegen Geld« nicht sonderlich sympathisch. Doch die Sache ist komplizierter.

Als Auslöser wird oft ein Vorfall genannt, der Franz Ludwig zum Opfer der berüchtigten Elisabetha Gaßner machte. Gemeinsam mit einer Kollegin habe ihm diese gewiefte »Erzdiebin« bei einem Empfang am Ludwigsburger Hof 1700 Gulden entwendet. Der Graf ließ die »Schwarze Lies« über lange Zeit verfolgen und tatsächlich gelang nach einiger Zeit die Festnahme. In Oberdischingen gestand sie nach etlichen Verhören einen Großteil ihrer Taten, sie wurde schließlich hingerichtet.

Elisabetha war ein Symptom für das damalige Bandenwesen, das die territoriale Zersplitterung des Reiches für sich nutzte. Durch Übertritt in die nächste Herrschaft konnte man sich leicht den Behörden entziehen. Hier setzte Franz Ludwig an. Er bot an, für den Schwäbischen Reichskreis zentral eine Fronveste zu errichten, entsprechendes Personal einzustellen und Verbrecher aktiv jagen zu lassen. Der Vorschlag wurde geradezu begeistert angenommen. Der Graf sollte bald merken, wie froh man ringsumher war, dass er dieses unschöne Geschäft übernahm – hatte er ursprünglich geplant, die Übeltäter festzunehmen und an die jeweilige Herrschaft auszuliefern, so waren diese daran wenig interessiert; sie zahlten lieber dafür, dass Oberdischingen gleich den Prozess, die Haft oder die Hinrichtung miterledigte.

So erbaute Franz Ludwig seine Fronveste – nach damals modernsten Maßstäben. Bald musste sie erweitert werden, denn das »Geschäft« lief allzu gut. Weit über 2000 Personen standen auf den Fahndungslisten der Amtmänner und des Grafen. Immer mehr Staaten nahmen die Dienste in Anspruch. Natürlich war Franz Ludwig ein, wie wir heute sagen würden, Law-and-Order-Mann, aber er war kein Hardliner. Als aufgeklärter Kleinherrscher achtete er auf eine vergleichsweise menschenwürdige Unterbringung, er lehnte die Folter ab und begnadigte die Hälfte der von seinem Gericht zum Tode Verurteilten – wenn auch meist erst in letzter Minute.

Das Anrüchige seines Geschäfts verlor sich trotzdem nie und als es sich langsam zu lohnen begann, kam auch schon das Ende. Die Herrschaft Oberdischingen fiel an das neue Königreich Württemberg. Dessen autoritärer Herrscher Friedrich, ohnehin kein Freund des Grafen, entzog Franz Ludwig die Gerichtsbarkeit und ging schließlich, als dieser sich wehrte, in einem recht böswilligen Prozess gegen ihn vor. 1808 musste der Malefizschenk seine letzten Gefangenen abgeben. Er wohnte nun selbst in der Fronveste, hatten doch freigelassene rachsüchtige Bandenmitglieder sein Schloss 1807 in Brand gesteckt. Verbittert, verleumdet und verarmt lebte der Henkersgraf in seiner eigenen leeren Haftanstalt.

Ort Oberdischingen, Alb-Donau-Kreis (UL)

Charakteristik Die Fronveste des als Henkersgraf und Malefizschenk bekannten Gefängnisbetreibers Franz Ludwig Schenk von Castell erinnert an das seltsame Projekt, mit Verbrechensbekämpfung Geld zu verdienen.

Tipp Franz Ludwig baute, wie erwähnt, Oberdischingen zu einer spätbarocken Residenz um. So vermischt sich der dörfliche Charakter mit äußerst repräsentativen Bauten wie der Pfarrkirche, der Fronveste, den Resten des Schlosses, vor allem aber der von prächtigen Häusern gesäumten Herrengasse. In dieser Form ziemlich einmalig.

Einkehr Oberdischingen

↑ Das Schwäbische Pantheon
← Wirken im Sonnenlicht ruhig und friedlich: Die Häuser in der Herrengasse

72 Raderach

Rosas Brunnen

Die offizielle Geschichtsschreibung weiß es anders, aber die Legende um die Raderacher Burgen ist weitaus bekannter. Demnach hieß Alt-Raderach und das dort wohnende Geschlecht Tannenburg, Neu-Raderach war Besitz und Wohnort der gleichnamigen Fichtenburg. Die beiden Nachbarn verstanden sich leider schlecht. Der Witwer Edelbert von Tannenburg war ein edler Krieger und gütiger Herr, Vater seiner unendlich geliebten Tochter Rosa, Kunerich von Fichtenburg dagegen war ein grausamer, seit Kindertagen vom Neid auf Edelbert zerfressener Grobian, dem die Tapferkeit und der Ruhm des beim Kaiserhaus hoch angesehenen Tannenburg arg zusetzte.

Als Kunerich eines Tages einen mit Tannenburg befreundeten Bauern aus nichtigen Gründen festnahm, befreite Edelbert diesen noch auf dem Weg zur Fichtenburg und zog sich damit endgültig den Hass und Zorn Kunerichs zu, der ihm Unheil androhte. Einige Zeit darauf lag Edelbert verletzt darnieder, er konnte den Kaiser nicht beim nächsten Zug begleiten, schickte aber seine Wachmannschaft als Unterstützung. Dies war der Zeitpunkt für Kunerich, die Tannenburg zu überfallen und Edelbert zu entführen. Er steckte ihn ins Fichtenburger Verlies und übernahm die Besitzungen seines Nachbarn.

Die rechtzeitig geflohene Rosa schlich sich inkognito als Magd in die Dienste der Fichtenburg, wo sie bald das Vertrauen der Besitzer erlangte. Als eines Tages der Sohn Kunerichs in den sehr tiefen Burgbrunnen fiel, aber mit seinem Hemdchen an einem Mauervorsprung hängenblieb, rettete ihn Rosa unter Einsatz des eigenen Lebens. Kunerich wollte ihr zum Dank alles gewähren, doch als sie sich zu erkennen gab und die Freilassung ihres Vaters forderte, fühlte er sich nicht mehr an sein Versprechen gebunden. Erst als ihn der gerettete Junge um Milde bat, lenkte er ein. Edelbert von Tannenburg kam frei und wieder in den Besitz seiner Burg.

Die schöne Geschichte stammt aus der Feder des Dinkelsbühler Erbauungsschriftstellers Christoph von Schmid (1768–1854) und ging von da in den örtlichen Sagenschatz über. Falls Schmid jemals (rechtzeitig) in Raderach war, so hätte er die Burg, zwischenzeitlich zum Schloss erweitert, noch sehen können. Ihr Ende war ein mehr als bedauerliches Missverständnis, man könnte fast von einer Dummheit sprechen. Der letzte Besitzer, ein privater Käufer, ließ sie 1836 kurzerhand niederreißen, weil er unter ihr einen vergrabenen Schatz vermutete – gefunden hat er, wenig überraschend, natürlich nichts. Aber: Geblieben ist von Neu-Raderach doch noch etwas. Auf dem Gelände der Burg wurde ein Gasthaus errichtet, die »Krone« – das noch heute existiert. Gezeigt wird im Keller ein Brunnen. Dessen Alter ist nicht genau geklärt, aber er stammt unzweifelhaft aus den Tagen des Schlosses. Er soll zudem früher deutlich tiefer gewesen sein, noch heute geht es immerhin stattliche 36 Meter hinab. Womöglich steckt hinter Rosas Geschichte doch mehr als gedacht?

Ort Raderach, Bodenseekreis (FN)

Charakteristik Eine Sage um heute verschwundene Burgen in und um Raderach – und einen verborgenen, aber noch vorhandenen Brunnen

Tipp Wer als Kontrast zu mittelalterlichen Sagen moderne Technik bewundern möchte, der ist in Friedrichshafen gut aufgehoben. Das Zeppelinmuseum in der Stadt widmet sich den bekannten Luftschiffen, das Dorniermuseum am Flughafen allerlei anderem Fluggerät.

Einkehr Natürlich in der »Krone« in Raderach

↑ In der Krone ist der Burgbrunnen versteckt.
← Der Burghügel in der Mitte Raderachs ist deutlich erkennbar.

73 Das Sühnekreuz bei Schweinhausen

Gemeinschaftlicher Totschlag

Die vier Gebrüder Mohr, Hans und Jörg aus Heinrichsburg und Martin und Balthus aus Busenberg, hatten Anfang 1520 bei Schweinhausen Hans Beutel aus Haidgau totgeschlagen, die genauen Umstände sind uns nicht überliefert. Was wir jedoch besitzen, ist der sogenannte Sühnevertrag, der daraufhin durch Georg Truchsess von Waldburg, der erst kurz zuvor Schweinhausen durch Pfandschaft erworben hatte, aufgesetzt wurde. Waldburg trat auf Bitten der Täter und der Hinterbliebenen als vermittelnder Gerichtsherr auf. Die Gebrüder Mohr hatten offensichtlich die Verwandten Hans Beutels überzeugt, sich auf ein solches Verfahren einzulassen.

Die einzelnen Bußauflagen wurden sehr exakt niedergelegt: Martin Mohr, dadurch womöglich als so etwas wie der Hauptverantwortliche gekennzeichnet, hatte an bestimmten Tagen, die ein Priester festlegte, am Grab des Toten nackt ein Kreuz zu tragen. War er krank oder sonst nicht in der Lage, diese Buße durchzuführen, musste einer der Mittäter einspringen.

Zugleich wurden alle vier verpflichtet, aus 16 Pfund Wachs Kerzen herstellen zu lassen. Eine davon, je ein Pfund schwer, hatte Martin bei seinen Prozessionen zu tragen, vier sollten an der Bahre des Toten aufgestellt werden. Die übrigen elf würden für weitere Bußaktionen Verwendung finden. Einer der Täter musste sowohl eine Wallfahrt nach Einsiedeln in der Schweiz als auch nach Rom unternehmen und einen beglaubigten Nachweis mit zurückbringen, dass er wirklich vor Ort war. Alle vier wiederum hatten insgesamt 37 Messen und drei Hochämter zu spendieren, die für das Seelenheil des von ihnen Getöteten zu lesen waren.

Hinzu kam noch eine nicht unerhebliche Geldsumme, die an die Hinterbliebenen zu zahlen war. Und vor allem war da ein äußeres Zeichen, dass die vier sichtbar aufzustellen verpflichtet wurden: »Ein Kreuz vom Tuff nach gemeinem Brauch machen und dasselbig in der Herrschaft da der Tote entleibt ist setzen lassen«. Sie hatten also ein sogenanntes Sühnekreuz zu errichten.

Dieses steht heute noch immer, der Überlieferung sogar am ursprünglichen Standort, was bei Sühnekreuzen, die oft dem Straßenbau oder der Flurbereinigung weichen mussten, alles andere als selbstverständlich ist. Hier, an der Straße zwischen Hochdorf und Schweinhausen, war das Verbrechen demnach einst geschehen. Gegenüber der Einfahrt zur Schweinhauser Sportanlage ist es am Fahrbahnrand bei nicht allzu hohem Bewuchs gut zu erkennen.

Die Strafen waren, auch wenn sie in diesem bestimmten Fall teilweise durch vier geteilt werden konnten, keineswegs ein Pappenstiel, die verschiedenen Geldbeträge, auch für die Kerzen, die Messen und den Stein, waren durchaus aufwendig, eine Wallfahrt nach Einsiedeln und Rom ein weiter, beschwerlicher und nicht immer ungefährlicher Weg über einen langen Zeitraum hinweg. Erspart blieb den Vieren eine sonst bei Sühneverträgen oft übliche weitere Sanktion, die Ausweisung aus dem Herrschaftsgebiet. Für gewöhnlich wurde den Hinterbliebenen nicht zugemutet, dass sie dem Täter oder den Tätern weiterhin begegnen mussten. Womöglich bestand hier diese Gefahr aufgrund der räumlichen Entfernung der Familien nicht.

↑ Der ehemalige Burggraben ist heute noch erkennbar.
← Der Burghügel von Schweinhausen

Ort Schweinhausen, Landkreis Biberach (BC)

Charakteristik Ein Steinkreuz, über dessen Geschichte wir ausnahmsweise durch einen sogenannten Sühnevertrag recht gut Bescheid wissen. Hintergrund war ein Totschlag.

Tipp Heute ist von der Burg auf dem Hügel über Schweinhausen leider kaum mehr etwas zu sehen. Im Hochmittelalter jedoch verbrachten König Philipp von Schwaben und seine frisch angetraute Gattin Irene, eine byzantinische Prinzessin, hier 1197 ihre Flitterwochen.

Einkehr Hochdorf und Ummendorf

74 Das Leprosenhaus in Bad Wurzach

Aufruhr und Aussatz

Ein Leprosen- oder Siechenhaus ist sicherlich keine heimelige Stätte. Mit dem Auftreten der Lepra, des Aussatzes, in Europa im Mittelalter wurden diese kleinen Spitäler vor den Städten geschaffen, um die Erkrankten im »Sondersiechenhaus« abzusondern. Wer einmal dort einzog, tat dies, da kaum Aussicht auf Heilung bestand, für den Rest seines Lebens. Ein jeglicher Kontakt zu den Gesunden sollte vermieden werden. Aussätzige mussten, wenn sie das Haus überhaupt verlassen durften, oft bestimmte Kleidung und eine Art Rassel tragen, um sich von Weitem bemerkbar zu machen. Umgekehrt wurde ihnen immerhin eine Unterkunft mit einer gewissen Grundversorgung angeboten.

Das Wurzacher Leprosenhaus, bereits 1355 erwähnt, gehört heute zu den ältesten Bauten der Stadt, auch wenn es im Barockzeitalter Anfang des 18. Jahrhunderts einige Umbauten erfahren hat. Da die Insassen in einer frommen Stiftung wohnten, aber natürlich keinen öffentlichen Gottesdienst besuchen durften, gehörte dazu immer auch eine Kapelle. In dieser findet sich ein Gemälde, das in der unteren Hälfte die Gründungslegende des kleinen Gotteshauses zeigt. Einer der Grafen von Waldburg hatte sich auf der Jagd im Moor verirrt, woraufhin sein Hund auf der Suche nach Hilfe in Richtung Leprosenberg lief, wo ihn die Klappern dreier Aussätziger anlockten. Diese folgten dem Tier und fanden hierauf den Grafen, der aus Dankbarkeit die Kapelle stiftete.

So glückliche Momente waren dem Berg eher selten beschert. Abgesehen von den gemiedenen und mit der Angst vor Ansteckung umgebenen Leprosenhausbewohnern befand sich dort auch der Richtplatz der Stadt. Bis zum Dreißigjährigen Krieg fanden hier regelmäßig Hinrichtungen statt – und nicht zu wenige. Unter anderem kam es zu mehreren Hexenverfolgungswellen in der Stadt. Zugleich verdingte sich der Wurzacher Scharfrichter als Abdecker, er vergrub also auf dem Schindanger tote Tiere. Die lagen dann oben auf dem Leprosenberg neben den verscharrten Selbstmördern und Gehenkten, gleich neben dem kleinen Friedhof für die verstorbenen Sondersiechen. Man kann nachvollziehen, dass die Wurzacher den Ort eher mieden und sich allerlei gruselige Geschichten um den Hügel rankten: von dort lebenden Drachenwesen war die Rede, aber auch von herumgeisternden kopflosen Toten und Tieren.

Und der Boden ist noch blutgetränkter, als bei Gerichtsstätten üblich. Denn die aufständischen Bauern des Allgäus stellten sich hier in einer Schlacht an Ostern 1525 dem heranrückenden Heer des Truchsesses von Waldburg. Zwar waren beide Armeen ungefähr gleich groß, die Söldner des Schwäbischen Bundes aber natürlich wesentlich erfahrener und vor allem besser ausgerüstet. Und Georg von Waldburg, nebenbei Stadtherr von Wurzach, auch unter dem zynischen Namen Bauernjörg bekannt, war ohnehin kein Mann des zimperlichen Vorgehens: Er ließ, ohne zu zögern, seine Kanonen mitten in das Bauernheer richten. Als dieses sich in Fluchtbewegung auflöste, ließ er die Bauern durch Reiter Richtung Ried treiben, wo viele von ihnen umkamen.

Der Leprosenberg hat also im Lauf der Zeit einiges an schrecklichen Dingen zu sehen bekommen. Ende des 18. Jahrhunderts wurde das Siechenhaus mangels Aussätziger aufgelöst, während der Napoleonischen Kriege wurden dort kranke und verletzte Soldaten verpflegt – auch sie trugen so gewissermaßen zur Erhöhung des Totenbestands auf dem Hügel bei. Die nach einem Sturm neu gepflanzte Siechenlinde, ein Kriegerdenkmal und ein Wegkreuz erinnern an die vielen Opfer des Wurzacher Leprosenbergs.

← Das Leprosen- oder auch Siechenhaus

Ort Bad Wurzach, Landkreis Ravensburg (RV)

Charakteristik Hübsch nimmt es sich aus, das Leprosenhaus mit Kapelle auf einem Hügel vor der Stadt Wurzach. Doch das Idyll steht auf äußerst blutigem Boden.

Tipp Vor einem Spaziergang durch das Ried kann man sich im Naturschutzzentrum neben der Pfarrkirche informieren. Als einstige Mini-Residenzstadt hat Bad Wurzach auch baulich einiges zu bieten, Höhepunkt bildet das Barockschloss im Zentrum.

Einkehr Bad Wurzach

75 Die Heidenhöhlen von Zizenhausen

Wer wohnte im Fels?

Zizenhausen ist ein langgezogenes Dorf im etwas abgelegenen Tal der Stockacher Aach, das eigentliche Geheimnis des Ortes liegt noch besser versteckt und nur schwer erreichbar hoch über der Siedlung am Hang des Heidenbühls. Wer hier hochsteigt und sich dann am schmalen Pfad entlang weiterwagt, der trifft auf in den weichen Sandstein, die Molasse, hineingetriebene Höhlenformationen, die eindeutig auf menschliche Bearbeitung zurückgehen – verwandt mit der uns bereits bekannten Bermatinger Höhle, nur handelt es sich in Zizenhausen um ein ganzes System.

Insgesamt finden sich hier zwölf Hohlräume in zwei übereinander gelagerten Reihen. Erstmals erwähnt wurden die Zizenhausener Heidenhöhlen Ende des 18. Jahrhunderts, doch besagt dies nichts über das wahre Alter der seltsamen Höhlengebilde. In den Gängen finden sich Pfostenlöcher für Türen, dazu eine Art von Sitzbänken – und zahlreiche Kritzeleien späterer Besucher, bis hin zu kompletten Gedichten. Im Volksmund haben die größeren Höhlen die Bezeichnungen Küche, Keller und Hafnershöhle, nach hier vorgefundenen Scherben (ein Hafner ist ein Töpfer). Doch leider sind diese Funde, ebenso wie angebliche römische Münzen des 2. Jahrhunderts und altertümliche Pfeilspitzen nicht mehr vorhanden. Es gibt bislang keinerlei Belege für eine frühgeschichtliche Nutzung in der Steinzeit, in Römertagen oder im Mittelalter. Generell ist der Zweck der Höhlen weiterhin unklar. Neuere Forschungen vermuten eine späte Entstehung im 18. Jahrhundert als Vorratsräume.

Fragt sich nur, ob das wirklich plausibel ist? Noch heute ist der Zugang zu den Heidenhöhlen alles andere als einfach. Etwas bequemer als der direkte Aufstieg vom Dorf ist der Weg vom Wanderparkplatz bei der Berlinger Siedlung, aber auch von hier muss man zum Schluss den engen Pfad am Hang entlang zu den Höhlen gehen, was besonders nach und bei Niederschlägen ein durchaus nicht ungefährliches Vergnügen darstellt. Die Anlagen sind insgesamt deutlich primitiver als ihr fast verschwundenes Pendant in Goldbach bei Überlingen und teils hat die Erosion des weichen Sandsteins das Gesamtbild wohl bereits verändert, auch Sicherungsmaßnahmen mussten nach Unfällen unternommen werden, doch insgesamt präsentieren sich die Heidenhöhlen in gutem Zustand – nur leider hat das bei der Datierung und der Suche nach dem Ursprung des Ganzen bislang auch nicht weitergeholfen. Zwischenzeitlich hatten die Gänge wohl mal als Notunterkünfte gedient, aber dies war sicherlich eher eine – bald beendete – Zweckentfremdung. Die Unzugänglichkeit und schwere Erreichbarkeit wirft zudem ein zweifelhaftes Licht auf die Theorie von den Vorratsräumen – es gäbe wirklich besser zugängliche Räumlichkeiten. Und würden sich bereits die Forscher des späten 18. Jahrhunderts tatsächlich über die Herkunft der Zizenhausener Heidenhöhlen den Kopf zerbrochen haben, wenn diese zu jenem Zeitpunkt erst wenige Jahrzehnte oder gar nur Jahre alt und damit in wesentlich besserem Zustand gewesen wären? Fluchtort, Ritualort, Versteck aus der Zeit der Christenverfolgungen, Armenwohnungen, Fasskeller, der Erklärungen gibt es viele. Überzeugend klingt keine.

↑ Eingang zu einer der Zizenhauser Höhlen
← Die Goldbacher Heidenhöhlen sind weitgehend zerstört.

Ort Zizenhausen, Landkreis Konstanz (KN)

Charakteristik Künstliche, von Menschen geschaffene Höhlensysteme in schwer zugänglicher Lage, deren Alter, Entstehung und Zweck bis heute völlig unbekannt sind. Eines der großen ungelösten Rätsel der Bodenseeregion

Tipp In Goldbach bei Überlingen sollte man die sehr alte Sylvesterkapelle am Ufer aufsuchen, sie besitzt Fresken der Reichenauer Tradition (9./10. Jh.). Im Ort selbst vermittelt der einstige Hohlweg nach Überlingen mit seinen Felskellern ein bisschen Heidenhöhlengefühl, über ihm liegt eine frühere Gerichtsstätte mit Kreuzigungsgruppe.

Einkehr Stockach

Register

Bildnachweis

Alle Bilder im Innenteil stammen vom Autor mit folgenden Ausnahmen: Benzinger, Markus: 186; Carlé, Lukas: 107 li.; Gassner, Christian: 101/147/149 o., Stadt Wiesloch: 10/11; Lookphotos: 6/140 (Merz, Brigitte), 15/22 (Daniel Schoenen Fotografie), 26/81/127 (Bayerl, Günther), 40/41/71 (Holler, Hendrik), 143/145 (Wohner, Heinz), 166 (robertharding); Mauritius Images: 53 li. (Caroline Kreutzer/imageBROKER), 93 (Pitopia/Ronny), 149 (Klaus Neuner), 152/153 (Markus Keller/imageBROKER) 180/181 (Martin Siepmann); Shutterstock: 8/9 (Dietrich Leppert), 14 (Patila), 16 (Arthur Palmer), 17 (bannkie), 18 (Madrugada Verde), 19, 21 (ebenart), 23 (Horst Bingemer), 24 (Cristian Dina), 25 (stylefoto24), 27 li. (Pixeljoy), 28 (German Globetrotter), 29 (fritschk), 30/31 (Rolf G Wackenberg), 32/33 (Markus Bieck), 33 (clione), 34 (bluecrayola), 35 (electricmango), 37 (Michael Oerter), 38 (Marcel Hechler), 39 (Lapping Pictures), 42/72 (BAO-Images Bildagentur), 46/47 (Maleo), 48/49 (marian.mertez), 52/112 (Marc Stephan), 57 (Zvonimir Atletic), 60/79 (Volker Rauch), 62/105/114 (Gaschwald), 63 (haraldmuc), 68 (by-studio), 70 (Timo Haberl), 74/75 (electricmango), 77 (Steve Heap), 80 (Simon Dux Media), 82/83 (Andreas Frank), 85 (Franco_Polo), 88 (tichr), 89 (davidxjonas), 90 (Sina Ettmer Photography), 92 (CAMELIA BUGARIU), 94 (Benita Kuszpit), 96/97/99 (Pixel62), 104 (Sergey Dzyuba), 108 (rodwey2004), 109 (ON-Photography Germany), 110 (Tilman Ehrcke), 111 (ThePhotoFab), 116/117/124 (Ipsimus), 125 (cityfoto24), 126 (Markus Zeller), 128 (Ervin-Edward), 129 (Daniel Thau), 134 (Bildagentur Zoonar GmbH), 135 li. (Thornova Photography), 135 re. (Klaus Jung), 137 (Uellue), 141 (Markus Schmidt-Karaca), 142 (SimoneH), 144 (Zen HP), 146 (Sahara Prince), 167 (Michael Ebardt); Wikimedia: 12 (Rolf Kickuth), 13 (M.K. Hitzigrath), 34 (Wisseboch) 43 (Pippo_B), 50 (Nils Eisenhauer), 51 (Bgabel), 53 re. (BerndH), 58/59/66 (Holger Uwe Schmitt), 67 (Reinhardhauke), 69 (Rüdiger Wandke), 76/78 (K. Jähne), 84 (Bastian Angerstein), 86 (Aerial video capture), 87 (Docbernd), 95 (Harke), 100 (Merkur-kun), 102 (Dieter F. Heinlin), 103 (Klaus Graf), 106/107 re. (Zinnmann), 125 (Andreas Rockstein), 132 (Andreas Schwarzkopf), 148 (Städtische Museen VS), 156 (Andreas Praefcke), 157 (Bene16), 158/159 (Flodur63), 168, 169 li., re. (Dietrich Krieger), 171 li. (wikimedia), 171 re. (deBenutzerandrol), 184/185 (Geak)

Impressum

Verantwortlich: Sabine Klingan
Lektorat: Birgit Günther
Korrektorat: Gesa Wendhack
Layout: BUCHFLINK Rüdiger Wagner
Kartografie: Bruckmann GmbH, Heidi Schmalfuß
Repro: P.R.O. MEDIEN PRODUKTION
Herstellung: Bettina Schippel
Printed in Slovenia by Florjancic

★★★★★

Sind Sie mit diesem Titel zufrieden? Dann würden wir uns über Ihre Weiterempfehlung freuen. Erzählen Sie es im Freundeskreis, berichten Sie Ihrem Buchhändler, oder bewerten Sie bei Ihrem nächsten Onlinekauf. Und wenn Sie Kritik, Korrekturen oder Aktualisierungen haben, freuen wir uns über Ihre Nachricht an J. Berg Verlag, Postfach 40 02 09, D-80702 München oder per E-Mail an lektorat@verlagshaus.de

Unser komplettes Programm finden Sie unter www.j-berg-verlag.de

In diesem Buch wird aus Gründen der besseren Lesbarkeit das generische Maskulinum verwendet. Weibliche und anderweitige Geschlechteridentitäten werden dabei ausdrücklich mitgemeint, soweit es für die Aussage erforderlich ist.

Umschlagvorderseite: Ein alter Torbogen der Burgruine Mägdeberg (Shutterstock/Cocktailfotos)
Umschlagrückseite: Aussichtsturm mit Ausblick auf die Schlossruine Heiligenberg (Shutterstock/ebenart)

Die Deutsche Nationalbibliothek verzeichnet diese Publikation in der Deutschen Nationalbibliografie; detaillierte bibliografische Daten sind im Internet über http://dnb.d-nb.de abrufbar.

Infanteriestraße 11a, 80797 München

ISBN: 978-3-86246-808-9